Lisa Koller – Claudius Schikora

Der Erfolg der sozialen Medien aus neuropsychologischer Perspektive

© 2015 Lisa Koller, Claudius Schikora
Umschlag, Illustration: Koller & Schikora - tredition
Lektorat, Korrektorat: Manfred Groß

Verlag: tredition GmbH, Hamburg

ISBN
Paperback   978-3-7323-3221-2
Hardcover   978-3-7323-3222-9
e-Book   978-3-7323-3223-6

Printed in Germany

Inhaltsverzeichnis

Vorwort

Die Sozialen Medien haben sich in den letzten Jahren rasant entwickelt, sie dienen der Vernetzung von Benutzern und deren Kommunikation und Kooperation über das Internet. Social Media steht als Überbegriff für Medien, in denen Internetnutzer Meinungen, Eindrücke, Erfahrungen oder Informationen austauschen und Wissen sammeln. Der uneingeschränkte Zugang zu sozialen Technologien im Internet verschaffte Facebook, Instagram, Twitter und wie sie alle heißen einen wahren Hype: 74 % der deutschen Internetnutzer sind in mindestens einem Online-Netzwerk angemeldet, wie eine FORSA-Umfrage im Auftrag von Bitkom ergab. Allein unter den 14- bis 29-Jährigen sind 92 % aller deutschen Internetnutzer in sozialen Communitys registriert. Die Umfrage ergibt auch, dass die Mehrheit (59%) täglich im am häufigsten genutzten Netzwerk aktiv ist. Dies zeigt, dass aktuell schon viel Zeit für Social Media verwendet wird. Ist diese Beeinflussung der Sozialen Medien auch neuropsychologisch feststellbar beziehungsweise analysierbar? Also wirkt sich die Nutzung Sozialer Medien auf die Funktionen des Gehirns aus? Werden Denkvermögen, Aufmerksamkeit, Intelligenz, das Gedächtnis, Sprachvermögen oder die motorischen Fertigkeiten nachhaltig beeinflusst?

Eine Studie der Washington-Universität St. Louis zur Nutzung von Facebook hinsichtlich des Glücklich seins der Nutzer hat ergeben, dass umso mehr Stunden die Probanden im sozialen Netz verbrachten, sie umso unzufriedener wurden. Die Studie spricht von Neid und dem Effekt des unglücklichen Gefühls, einem Suchtpotential. Die transparente zur Schaustellung der Erlebnisse eines jeden Nutzers durch spannende Posts führt automatisch zu Vergleichen mit dem eigenen Erlebten. Die Nutzer entwickeln unweigerlich das Gefühl die Leben der Anderen seien spannender, aufregender, interessanter. Mit dem ausloggen aus dem sozialen Netz loggt sich der Nutzer nicht aus seiner Gefühlswelt aus, somit bleiben diese Vergleiche nicht ausschließlich im virtuellen Raum, sondern beeinflussen die Realität eines jeden Nutzers und somit die ganze Gesellschaft.

Natürlich geht mit der vielleicht negativen gesellschaftlichen Veränderung durch die Nutzung Sozialer Medien auch ein breites Spektrum an positiven Aspekten einher. Kommunikation über Ländergrenzen hinweg, traditionelle Macht- und Hierarchieebenen, wie sie Michelis (2012) bezeichnet, werden aufgebrochen, neue Beziehungen, die auf neuen Informations- und Kommunikationsverhalten basieren, zwischen unterschiedlichsten Akteuren aus Wirtschaft und Gesellschaft werden geschlossen.

Im diesem Buch sollen die Beweggründe für die Nutzung der sozialen Medien betrachtet werden, die Motivation zur Nutzung dieser Medien.

1 Einführung

I n less than three years it (Social Media, Anm. d. Verf.) became the most popular activity on the web, supplanting pornography for the first time in Internet history. Even search engines weren't powerful enough to do that.[1] Mit diesen Worten beschreibt Erik Qualman den Erfolg der sozialen Medien. Wolfgang Schweiger bezeichnete die Online-Medien bereits im Jahr 2001 als „gesamtgesellschaftliches Phänomen"[2]. Die enorm hohen und weiter steigenden Nutzungszahlen der sozialen Medien rechtfertigen diese Bezeichnung auch in diesem Kontext. Dieser gesamtgesellschaftliche Erfolg der sozialen Medien ist Gegenstand dieses Buches.

1.1 Problemstellung und Relevanz der Thematik

Medienprodukte sind in vielerlei Hinsicht besondere Güter. Beispielsweise nutzen sich die Medieninhalte durch Konsum nicht ab, wodurch eine Nichtrivalität im Konsum besteht. Die Eigenschaften der Medien gehen allerdings über eine ausbleibende gegenseitige Beeinträchtigung der Nutzer hinaus. In Zusammenhang mit Medien treten Netzeffekte auf. Das bedeutet, der Wert eines Mediums steigt mit zunehmender Nutzerzahl.[3] Ein typisches Beispiel zur Erklärung dieses Phänomens ist das Telefon, doch auch die sozialen Medien erzielen Netzeffekte. Ein Social Network wie Facebook ist für seine Nutzer nur dann von Wert, wenn diese über die Plattform mit anderen Nutzern in Kontakt treten und sich vernetzen können. Je mehr Nutzer die Plattform hat, desto mehr oder bessere Möglichkeiten existieren zur Kontaktaufnahme und desto höher ist der Wert des Mediums. Für andere Plattformen der sozialen Medien wie beispielsweise YouTube oder Wikipedia gilt dies ebenfalls in Bezug auf die Menge der verfügbaren Videos beziehungsweise Informationen, die mit der Nutzeranzahl steigt. Demnach wird in diesem Buch die Anzahl der Nutzer als relevante Kennzahl des Wertes

---

[1] Qualman 2013, S. 3
[2] Schweiger 2001, S. 9
[3] Vgl. Beyer & Carl 2004, S. 10 ff.; Wirtz 2011, S. 29 f. & S 665

und damit des Erfolges der sozialen Medien erachtet. Im Jahr 2013 verwendeten mit steigender Tendenz bereits durchschnittlich 75 % aller Internetnutzer in Deutschland die sozialen Medien. Mit einem Nutzeranteil von 92 % und 87 % verzeichnen Facebook und YouTube die größten Nutzerzahlen.[4] Eine Darstellung konkreter Nutzerzahlen einzelner Plattformen findet sich in Kapitel 2.2 dieses Buches, „Entwicklung und Erfolg".

Durch ihren Erfolg stehen die sozialen Medien in Konkurrenz zu den traditionellen Massenmedien. Zu Letzteren können nach den Kriterien der Massenkommunikation von Gerhard Maletzke[5], auf die im Folgenden genauer eingegangen wird, die Presse, das Radio sowie das Fernsehen gezählt werden.[6] Bereits seit Beginn der Internetpopularisierung wird über die Komplementarität dieser Medienarten und die Substitution traditioneller Medien durch Online-Medien im Allgemeinen diskutiert. Dabei gibt es sehr verschiedene Einschätzungen, wie sich die Konkurrenz zwischen den Medienarten entwickeln wird.[7] Während es Theorien gibt, gemäß denen die Massenmedien langfristig substituiert werden, berufen sich Skeptiker dieser Überzeugung auf das Rieplsche Gesetz.[8] Laut diesem werden die einfachsten Mittel, Formen und Methoden des Nachrichtenverkehrs, sollten sie eingebürgert und als brauchbar befunden worden sein, selbst von den besten und höchst entwickelten Alternativen niemals dauerhaft und in Gänze verdrängt.[9] Unabhängig davon, ob von einer letztendlichen Substitution der klassischen Massenmedien durch die sozialen Medien oder von der Gültigkeit des Rieplschen Gesetzes ausgegangen wird, ist die große Konkurrenz zwischen den Medienarten eine Tatsache. Bereits im Jahr 1997 wurde die Zeit für die Nutzung der Online-Medien auf Kosten der Nutzungszeit der traditionellen Medienangebote investiert.[10] Dabei ist die Nutzungsdauer des Internets erst in den folgenden Jahren von 2000 bis 2014 von durchschnittlich 17 Minuten auf 111 Minuten täglich enorm gestiegen. In der Altersklasse der 14- bis 29-Jährigen in Deutschland ist das Internet im Jahr 2014 mit einer

---

4 Vgl. Heintze, Social-Media-Atlas 2013: So surft Deutschland im Web 2.0, S. Abruf: 30.11.2014
5 Vgl. Maletzke 1963, S. 28 ff.
6 Vgl. Kunczik & Zipfel 2005, S. 50
7 Vgl. z.B. De Waal et al. 2005, S. 55 – 72; Clever 1997, S. 35; Peters & Homeyer 1997, S. 70 ff.
8 Vgl. Clever 1997, S. 35; Peters & Homeyer 1997, S. 71; Meyen 2004, S. 155
9 Vgl. Riepl 1913, S. 5
10 Vgl. Peters 1997, S. 81

Nutzungsdauer von 233 Minuten pro Tag das meistgenutzte Medium. Im Vergleich beschäftigt sich diese Altersgruppe nur zehn Minuten täglich mit einer Zeitung. Selbst der Hörfunk und das Fernsehen bleiben mit 142 Minuten beziehungsweise 128 Minuten pro Tag weit zurück.[11] Eine Übersicht der Nutzungsdauer in Bezug auf die einzelnen Medien zeigt Abbildung 1.

	Fernsehen[1]	Hörfunk[2]	Internet[3]	Zeitung[4]	Tonträger[2]	Buch[4]	Zeitschrift[4]
Gesamt (ab 14 J.)	240	192	111	23	27	22	6
14-29 J.	128	142	233	10	63	30	4
30-49 J.	223	207	135	18	26	15	4
ab 50 J.	297	203	46	34	10	23	9

1) AGF in Zusammenarbeit mit GfK, TV Scope: 1. Halbjahr 2014.
2) ma 2014/I.
3) ARD/ZDF-Onlinestudie 2014.
4) Massenkommunikation 2010.

Abbildung 1: Durchschnittliche Nutzungsdauer der Medien 2014 in Min./Tag[12]

Der hohe Nutzeranteil und die beträchtliche Nutzungsdauer der sozialen Medien verdeutlichen einerseits den Erfolg der sozialen Medien und andererseits die Konkurrenzsituation mit den klassischen Massenmedien. Durch ihre weite Verbreitung und intensive Nutzung sind die sozialen Medien ein äußerst relevanter Bestandteil der Medienlandschaft und prägen das menschliche Kommunikationsverhalten.[13]

1.2   Zielsetzung dieses Buches

In Anbetracht der außerordentlichen Popularität der sozialen Medien ist die Frage nach den Erfolgsfaktoren dieser Medien naheliegend. Was haben die sozialen Medien an sich, dass sie einen solchen Erfolg verzeichnen können? Dieser Frage soll in diesem Buch nachgegangen werden. Dabei erweist sich, wie bereits erwähnt, der Erfolg der sozialen Medien als gesamtgesellschaftliches Phänomen. Da die Social Media auf der gesamten Welt beliebt und weitverbreitet sind, kann ihnen auch ein kulturübergreifender und

---

[11] Vgl. Van Eimeren & Frees 2014, S. 392 ff.
[12] Van Eimeren & Frees 2014, S. 395
[13] Vgl. Froitzhuber-Wagner, Kommunikationsrevolution Social Media – Michael Ehlers im Gespräch, Abruf: 21.09.2014; Gasser, Social Media Geschichte, Abruf: 21.09.2014

globaler Erfolg zugeschrieben werden. Auf Grundlage dessen kann vermutet werden, diese enorme Popularität basiere auf einer Gemeinsamkeit der menschlichen Rasse.

Die Zielsetzung der Biopsychologie, in der die Neuropsychologie einen Teilbereich darstellt,[14] ist es, „Erleben und Verhalten aufgrund der Funktionsweise des Gehirns und des übrigen Zentralnervensystems zu erklären"[15]. In der Neuropsychologie wird als Erklärungsbasis für Verhalten also eine Gemeinsamkeit der menschlichen Rasse, die Funktionsweise des menschlichen Gehirns, gewählt.[16] Der Begriff des Verhaltens umfasst auch die Nutzung der sozialen Medien, wodurch die Untersuchung des Erfolges dieser Medien aus neuropsychologischer Sicht vielversprechend erscheint.

Im Rahmen dieses Buches sollen daher auf Basis psychologischer und neurowissenschaftlicher Erkenntnisse Beweggründe für die Nutzung der sozialen Medien zusammengetragen und eingehend betrachtet werden. Darüber hinaus soll ein Abgleich dieser Beweggründe mit denen der klassischen Massenmedien wie Presse, Radio und Fernsehen vorgenommen werden, um etwaige Differenzen zu identifizieren. Außerdem sollen neuropsychologische Mechanismen, die der Intensivierung einer Verhaltensweise zuträglich sind, vorgestellt und mit den sozialen Medien in Zusammenhang gebracht werden. Auf Basis der gewonnenen Erkenntnisse werden Hypothesen abgeleitet, die einen möglichen Erklärungsansatz für die intensive Nutzung und damit den Erfolg der sozialen Medien, auch im Vergleich zu den traditionellen Medien, bieten.

Wie eben dargelegt, ist das Ziel dieses Buches, die Beweggründe für die Nutzung der sozialen Medien zu untersuchen. In anderen Worten ausgedrückt bedeutet das, die Motivation zur Nutzung dieser Medien soll betrachtet werden. Dabei ist zu beachten, dass der Begriff der Motivation in der Psychologie und Neurowissenschaft weit umfassender zu verstehen ist als in der Alltagssprache. Aus wissenschaftlicher Perspektive ist jegliches willkürliches Verhalten, also auch die Nutzung der sozialen Medien, moti-

---

[14] Vgl. Pinel 2007, S. 14
[15] Schultheiss & Wirth 2010, S. 257
[16] Vgl. Schandry 2011, S. 21

viert.[17] Dementsprechend ist dieses Buch an der Motivationsforschung ausgerichtet.

Um zu Beginn das Phänomen der sozialen Medien als Gegenstand dieses Buches zu konkretisieren, werden diese Medienart und ihr Erfolg im ersten Kapitel umfassend dargestellt. Im Folgenden werden die relevanten Aspekte der Motivation eingehend behandelt. Dabei wird zunächst eine psychologische und im Anschluss eine neurowissenschaftliche Perspektive eingenommen. Ein besonderes Augenmerk liegt hierbei auf dem Belohnungssystem als neuronales Korrelat der Motivation. Im Rahmen medienpsychologischer Ausführungen soll im Anschluss die Motivation in Bezug auf die Mediennutzung, insbesondere der sozialen Medien, genauer untersucht werden. Der Vergleich der Motive für die Nutzung der Massenmedien und der sozialen Medien ist das Ziel dieses Kapitels. Bevor im abschließenden Teil des Buches eine Zusammenfassung der Erkenntnisse sowie die Ableitung der Hypothesen zur Erklärung des Erfolges der sozialen Medien und weiterführende Überlegungen vorgenommen werden, sollen durch die Nutzung angeregte neuropsychologische Mechanismen beschrieben werden. Dabei werden diejenigen Auswirkungen der Nutzung der sozialen Medien behandelt, aus denen nach dem Prinzip der positiven Rückkopplung eine Intensivierung der Nutzung resultiert.

---

[17] Vgl. Brandstätter et al. 2013, S. 4; Birbaumer & Schmidt 2006, S. 424

2   Die sozialen Medien

D a die sozialen Medien die zentrale Thematik dieses Buches darstellen, ist es zu Beginn notwendig, diese zu definieren. Doch bereits mit dem ersten Blick auf die aktuelle Literatur werden die wenig einheitlichen Ansätze der Autoren für eine konkrete Definition der sozialen Medien erkennbar.[18] Im Folgenden wird dennoch versucht eine praktikable Begriffsabgrenzung vorzunehmen, um den Begriff der sozialen Medien zu präzisieren. Im Anschluss an die detailliertere Darstellung der Entwicklung und des Erfolges dieser Medienart sollen konkrete Merkmalsunterschiede zu den klassischen Massenmedien identifiziert und festgehalten werden.

2.1   Begriffsabgrenzungen

Neben der fehlenden einheitlichen Definition des Begriffs der sozialen Medien findet eine große Anzahl unterschiedlicher Termini parallel Verwendung. Für die vielzähligen Bezeichnungen existieren größtenteils lediglich unpräzise und nicht allgemein anerkannte Erklärungsansätze. Der folglich unsystematische und nicht einheitliche Gebrauch verschiedener Begriffe als Synonyme ist irritierend und deshalb problematisch.[19] Neben dem Begriff der sozialen Medien oder der englischen Übersetzung Social Media sind die häufig synonym verwendeten Ausdrücke Web 2.0, Social Web und die Social Networks beziehungsweise soziale Netzwerke.[20] Um Missverständnissen in diesem Buch vorzubeugen, werden diese Begriffe im Folgenden kurz dargelegt und soweit möglich voneinander abgegrenzt.

Die Definitionsproblematik des Ausdrucks Web 2.0 wird durch eine Äußerung von Tim Berners-Lee, dem Begründer des World Wide Webs, deutlich: „…I think Web 2.0 is of course a piece of jargon, nobody even knows what is means."[21] Für Anja Ebersbach und Kollegen stellt der diffuse Begriff

---

18 Vgl. z.B. Heymann-Reder 2011, S. 20 ff.; White 2012, S. 9; Münker 2012, S. 45 ff.
19 Vgl. hierzu Bernecker & Beilharz 2012, S. 23
20 Vgl. Jers 2012, S. 36 ff.; Heymann-Reder 2011, S. 18 ff.; Lammenett 2014, S. 243 ff.
21 Laningham, developerWorks Interviews: Tim Berners-Lee, Abruf: 04.12.2014

des Web 2.0 eine Anspielung „auf eine gefühlte Veränderung des WWW während der letzten Jahre"[22] dar. Laut Erwin Lammenett spielt in dieser Entwicklung des Webs die dezentrale und interaktive Erstellung von Inhalten durch eine Vielzahl von Nutzern eine entscheidende Rolle.[23] Tim Berners-Lee veranschaulichte auch diese zentrale Komponente des Web 2.0, indem er erklärte, dass es im Web 2.0 darum ginge, Menschen zu verbinden, während zuvor die Vernetzung von Computern visiert wurde.[24] Anstatt nur Informationsmedium zu sein, hat sich die Ausrichtung des World Wide Webs geändert, indem die Aspekte der Interaktion und Kommunikation in den Vordergrund gerückt sind.[25] Eine plakative Formulierung der neuen Umstände bietet der Jargon-Ausdruck „Mitmach-Netz".[26]

Der besonderen Bedeutung dieser sozialen Entwicklungen wird mit dem Begriff Social Web Rechnung getragen[27], der häufig fälschlicherweise als Synonym für das Web 2.0 verwendet wird. Dabei stellt das Social Web einen Teilbereich des Web 2.0 dar. Während Letzteres eher eine informationstechnologischere Perspektive beschreibt und zudem neben sozialen auch ökonomische oder rechtliche Aspekte umfasst, wird durch den Ausdruck Social Web das Internet als ein sozialer Handlungsraum fokussiert.[28] Eine konkrete Definition des Begriffs bieten Ebersbach et al., indem sie darlegen, dass das Social Web aus drei Komponenten besteht. Hierzu zählen die webbasierten Anwendungen, die Daten, die bei deren Nutzung entstehen, und die Beziehungen zwischen den Usern. Erstere sind dabei gezielt auf die Unterstützung des Menschen in seinen sozialen Aktionen wie Informationsaustausch, Beziehungsaufbau und –pflege sowie Kommunikation und kollaborative Zusammenarbeit ausgerichtet. Dabei werden zur Einteilung der großen Anzahl an verschiedenen Anwendungen im Social Web fünf Prototypen unterschieden. Hierfür werden Wikis, Blogs, Microblogs, Social-Network-Dienste und Social Sharing genannt.[29]

---

[22] Ebersbach, Glaser & Heigl 2011, S. 27
[23] Vgl. Lammenett 2014, S. 243
[24] Vgl. Laningham, developerWorks Interviews: Tim Berners-Lee, Abruf: 04.12.2014
[25] Vgl. Münz 2011, S. 75
[26] Vgl. Altmann 2011, S. 13
[27] Vgl. Altmann 2011, S. 13
[28] Vgl. hierzu Ebersbach, Glaser & Heigl 2011, S. 27; Anastasiadis & Thimm (Hrsg.) 2011, S. 12
[29] Vgl. hierzu Ebersbach, Glaser & Heigl 2011, S. 35 & 37

Die von Ebersbach und Kollegen definierten Prototypen für Anwendungen im Social Web sind im Wesentlichen mit dem zu vergleichen, was andere Autoren als Beispiele beziehungsweise Arten von sozialen Medien aufführen.[30] Deshalb werden die verschiedenen Typen an dieser Stelle kurz vorgestellt. Unter Wikis sind Websites zu verstehen, auf denen grundsätzlich jeder Internetnutzer ein Bearbeitungsrecht besitzt und somit Inhalte hinzufügen, verändern oder löschen kann. Das gemeinsame Erarbeiten von Inhalten ist der Zweck dieser Plattformen, die sich zur Projektvorbereitung, Dokumentation oder kollaborativen Wissenssammlung eignen. Ein prominenter Vertreter dieser Art der sozialen Medien ist die Online-Enzyklopädie Wikipedia.[31] Im Gegensatz zu Wikis werden Blogs beziehungsweise Weblogs und Microblogs in der Regel von einem oder wenigen Autoren erstellt, während den Internetnutzern die Kommentarfunktion zu jedem Beitrag zur Verfügung steht. Ein Blog ist mit einem öffentlichen Online-Tagebuch zu vergleichen, mit dem aktuelle und persönliche Erfahrungen in Form von Texten, Bildern und Videos einem breiten Publikum zugänglich gemacht werden. In diesem werden die einzelnen Einträge in chronologisch umgekehrter Reihenfolge präsentiert. Das bedeutet, der aktuellste Eintrag wird auf der Website ganz oben angezeigt.[32] Diese Prinzipien gelten auch für den Microblog. Hierbei sind die Einträge jedoch auf wenige Zeichen begrenzt und die Aktualität spielt eine noch größere Rolle. Plattformen wie Twitter werden zum schnellen Austausch von kurzen und aktuellen Nachrichten genutzt und eignen sich somit besonders als Informations- und Kommunikationskanal.[33] In den Social Networks, auch Social Network Sites genannt[34], stehen dagegen die Verbindungen zwischen Menschen im Mittelpunkt. Mithilfe der Plattformen werden zwischenmenschliche Beziehungen aufgebaut und gepflegt. Hierfür richten die Nutzer Profile ein, in denen sie sich selbst, ihre Interessen und Fotos darstellen, und kommunizieren über verschiedene Funktionen des Netzwerkes. Für die Social Networks

---

[30] Vgl. Weinberg 2012, S. 1; Heymann-Reder 2011, S. 22 ff.; Hettler 2010, S. 41 ff.
[31] Vgl. Ebersbach, Glaser & Heigl 2011, S. 37 & 39 ff.; Hettler 2010, S. 41 ff.
[32] Vgl. Hettler 2010, S. 43 ff.; Heymann-Reder 2011, S. 167 ff.; Ebersbach, Glaser & Heigl 2011, S. 61 ff.; Weinberg 2012, S. 119 f.
[33] Vgl. Ebersbach, Glaser & Heigl 2011, S. 84 ff.; Hettler 2010, S. 45 ff.; Weinberg 2012, S. 165 ff.; Heymann-Reder 2011, S. 127 ff.
[34] Vgl. z.B. Boyd & Ellison 2007, S. 210

finden sich viele bekannte Beispielplattformen wie Facebook, Google+, LinkedIn oder Pinterest.[35] Über Social-Sharing-Plattformen werden digitale Inhalte, wie Bilder, Links oder Videos, veröffentlicht und ausgetauscht. Zudem sind Ordnungs-, Bewertungs- und Kommentarfunktionen verfügbar. Die Link-Plattform Delicious zur Verwaltung von Bookmarksammlungen, die Bilderplattform Flickr und das Videoportal YouTube sind Beispiele für diesen Typ der Social Media.[36]

Obwohl die Auffassungen darüber, welche Internetplattformen zu den sozialen Medien gezählt werden sollten, scheinbar übereinstimmen, führt dies nicht zu einer einheitlichen Definition. Dorothea Heymann-Reder betont mit ihrer Erklärung, soziale Medien seien „Internet-Plattformen, auf denen Nutzer mit anderen Nutzern Beziehungen aufbauen und kommunizieren"[37], den Aspekt der zwischenmenschlichen Beziehung. Connie White hebt dagegen die Kommunikation und den Austausch von Inhalten hervor, indem sie erklärt „Social media are forms of electronic communication through which users create online communities to share information, ideas, personal messages and other content"[38]. Für Stefan Münker ist dagegen grundsätzlich die Partizipation der Nutzer auf den Websites das zentrale Merkmal der sozialen Medien.[39] Somit liegt zwar kein einheitlicher Erklärungsansatz vor, doch nach eigener Meinung stehen die verschieden gesetzten Schwerpunkte dennoch in engem Zusammenhang und weisen dadurch in ihrer Gesamtheit auf den sozialen Aspekt dieser Medien hin. Somit wird die Bezeichnung der sozialen Medien als gerechtfertigt angesehen.

Durch die vorangegangenen Ausführungen konnte gezeigt werden, dass die Begriffe Web 2.0, Social Web und Social Networks trotz teilweise fehlender eindeutiger Definition nicht mit den sozialen Medien gleichgesetzt werden können, weshalb von einer synonymen Verwendung der Begriffe Abstand genommen wird. In diesem Buch wird daher lediglich die englische Übersetzung Social Media als Alternative genutzt.

---

[35] Vgl. Ebersbach, Glaser & Heigl 2011, S. 37 & 96 ff.; Hettler 2010, S. 55 ff.; Weinberg 2012, S. 215
[36] Vgl. Ebersbach, Glaser & Heigl 2011, S. 37 & 117 ff.; Hettler 2010, S. 62
[37] Heymann-Reder 2011, S. 20
[38] White 2012, S. 9
[39] Vgl. Münker 2012, S. 45 ff.

2.2 Entwicklung und Erfolg

Die Zeit der Anfänge der sozialen Medien ist nicht leicht zu identifizieren. Social Sharing stellt jedoch eine besonders frühe Form der Social Media dar. Bereits auf den ersten Homepages des jungen Word Wide Webs wurden öffentliche Linklisten zusammengestellt.[40] Die Social Sharing Plattformen haben bis in die Gegenwart eine enorme Entwicklung durchlaufen. Im Jahr 2013 verzeichnete das weltweit größte Videoportal YouTube eine Besucherzahl von mehr als einer Milliarde pro Monat.[41] Im Jahr 2011 waren es dagegen 800 Millionen Besucher monatlich. Damit stieg die Nutzerzahl innerhalb von zwei Jahren um 25 %.[42] Der Zeitpunkt des ersten Blogs ist kaum bestimmbar. Doch wie für die übrigen Arten der sozialen Medien wird das letzte Jahrzehnt des 19. Jahrhunderts in diesem Zusammenhang als entscheidend angesehen. Der Begriff Weblog wurde 1997 erstmals gebraucht. Bezeichnend für die Beliebtheit von Blogs ist ihre außerordentliche Menge. Die Zählung erfasste im Jahr 2008 bereits 120 Millionen Online-Tagebücher und wurde im folgenden Jahr wegen der enormen Zuwachsrate auf die englischsprachigen Blogs beschränkt.[43] Die Microblogs sind dagegen einige Jahre jünger. Seit 2006 nimmt Twitter in dieser Kategorie eine Vorreiterrolle ein und gewann innerhalb von zwei Jahren sieben Millionen Nutzer. Mit monatlich 255 Millionen aktiven Nutzern gehört Twitter heute zu den größten Social Media Plattformen weltweit.[44] Das erste Wiki wurde bereits im Jahr 1995 unter dem Namen WikiWikiWeb entwickelt. Ein Meilenstein in der Geschichte dieses Social Media Typs ist jedoch das Jahr 2001, in dem die freie Online-Enzyklopädie Wikipedia entstand.[45] Der Erfolg des Wikis spiegelt sich in der zunehmenden Anzahl der Artikel, die die Nutzer verfassen.

---

[40] Vgl. Ebersbach, Glaser & Heigl 2011, S. 128
[41] Vgl. Google Inc., YouTube Official Blog – Here's to eight great years, Abruf: 21.09.2014
[42] Vgl. Google Inc., YouTube Official Blog – New YouTube features for music artists, Abruf: 04.12.2014; Kirch, Social Media Statistiken – YouTube: Die Hälfte aller Internet-Nutzer besucht die Video-Seite, Abruf: 21.09.2014
[43] Vgl. Ebersbach, Glaser & Heigl 2011, S. 61 ff.
[44] Vgl. Statista GmbH, Größte Social Networks nach Anzahl der monatlich aktiven Nutzer (MAU) im 1. Quartal 2014 (in Millionen), Abruf: 21.09.2014
[45] Vgl. Ebersbach, Glaser & Heigl 2011, S. 41 ff.

Von April 2013 bis September 2014 stieg die Zahl von 26,4 auf 33,3 Millionen Artikeln in 287 Sprachen.[46] Als erstes soziales Netzwerk war Sixdegrees im Jahr 1997 verfügbar und verzeichnete bereits mehrere Millionen Nutzer, bevor es wegen eines fehlenden tragfähigen Geschäftsmodells nach vier Jahren wieder aufgelöst wurde.[47] Ähnlich wie YouTube, Twitter oder Wikipedia nimmt Facebook unter den sozialen Netzwerken im Speziellen und unter den Social Media im Allgemeinen eine Sonderrolle ein.[48] Das Netzwerk existiert seit 2004 und ist seit 2008 das erfolgreichste internationale Social Network.[49] Damals verdrängte Facebook mit 130 Millionen Nutzern den Marktführer MySpace.[50] Diese Nutzeranzahl konnte bis April 2014 auf 1,3 Milliarden ausgebaut werden. Als größte Konkurrenten folgen aktuell Google+ mit 300 Millionen, LinkedIn mit 277 Millionen und Tumblr mit 230 Millionen Nutzern.[51]

Der Erfolg der sozialen Medien ist, wie eben dargelegt, schon seit einigen Jahren unbestreitbar. Einerseits zeigt sich dieser in enorm hohen Nutzerzahlen mit einer positiven Zuwachsrate. Andererseits wird der Erfolg durch die Veränderungen im Kommunikations- und Informationsverhalten der Menschen in den letzten zehn bis 15 Jahren deutlich. Durch die sozialen Medien ist eine internationale Vernetzung sowohl im privaten als auch im beruflichen Umfeld entstanden, die vorher nicht möglich war und heute ein fester Bestandteil des Alltags ist.[52]

---

[46] Vgl. Statista GmbH, Anzahl der Artikel bei Wikipedia von 2002 bis 2014 (in Millionen), Abruf: 21.09.2014; Wikimedia Foundation Inc., List of Wikipedias, Abruf: 21.09.2014

[47] Vgl. Ebersbach, Glaser & Heigl 2011, S. 96; Rapp, Geschichte des Internet: Entstehung und Entwicklung sozialer Netzwerke, Abruf: 21.09.2014

[48] Vgl. Ebersbach, Glaser & Heigl 2011, S. 111; Gasser, Social Media Geschichte, Abruf: 21.09.2014

[49] Vgl. Ebersbach, Glaser & Heigl 2011, S. 100; Gasser, Social Media Geschichte, Abruf: 21.09.2014

[50] Vgl. Kroker, 5 Jahre Social Media: Die Entwicklung der sozialen Netzwerke von 2008 bis 2013, Abruf: 21.09.2014

[51] Vgl. Statista GmbH, Größte Social Networks nach Anzahl der monatlich aktiven Nutzer (MAU) im 1. Quartal 2014 (in Millionen), Abruf: 21.09.2014

[52] Vgl. Froitzhuber-Wagner, Kommunikationsrevolution Social Media – Michael Ehlers im Gespräch, Abruf: 21.09.2014; Gasser, Social Media Geschichte, Abruf: 21.09.2014

2.3 Merkmalsunterschiede zu klassischen Massenmedien

Die Medienlandschaft lässt sich nach verschiedenen Gesichtspunkten systematisieren. Eine mögliche Einteilung kann anhand der Empfängeranzahl vorgenommen werden. Danach lassen sich Individualmedien einerseits und Massenmedien andererseits unterscheiden. Erstere vermitteln dabei in Übereinstimmung mit dem Kommunikationsmodell von Shannon und Weaver[53] zwischen einem Sender und nur einem Empfänger. Dagegen versuchen Sender mithilfe von Massenmedien mit einer größeren Anzahl von Menschen zu kommunizieren.[54] Diese Massenkommunikation zeichnet sich nach Gerhard Maletzke durch fünf Charakteristika aus. Zunächst werden Aussagen bei der Massenkommunikation öffentlich, also ohne eine begrenzte oder personell definierte Empfängergruppe, und mittels technischer Verbreitungsmittel, also Medien, übertragen. Des Weiteren besteht eine räumliche, zeitliche oder raumzeitliche Distanz zwischen Sender und Empfängern, wodurch die Kommunikation indirekt stattfindet. Außerdem handelt es sich bei dieser Form der Kommunikation um ein disperses Publikum. Darunter sind soziale Gebilde bestehend aus räumlich getrennten Individuen oder kleinen Gruppen zu verstehen, die sich einzig durch die zeitlich begrenzte, gemeinsame Zuwendung zu Aussagen der indirekten Massenkommunikation konstituieren. Schließlich verläuft die Massenkommunikation einseitig und damit ausschließlich vom Sender in Richtung der Empfänger, wobei den Akteuren ein Rollentausch nicht möglich ist.[55] Während sich die traditionellen Medien wie Fernsehen, Zeitung oder Telefon eindeutig den Individual- oder Massenmedien zuordnen lassen, stellt die Einteilung des Internets in diese Systematik ein Problem dar.[56] Vor der Entstehung des Web 2.0 konnte die Behauptung, das Internet wäre den Massenmedien zuzurechnen, als legitim angesehen werden.[57] Grundsätzlich wurden mithilfe des Internets Informationen an einen großen Nutzerkreis übermittelt, wobei potentielle Interaktionsmöglichkeiten im World Wide Web nur eingeschränkt oder gar

---

[53] Vgl. Shannon & Weaver 1949, S. 6 ff.
[54] Vgl. hierzu Winterhoff-Spurk 2004, S. 11 ff.
[55] Vgl. Maletzke 1963, S. 28 ff.
[56] Vgl. Winterhoff-Spurk 2004, S. 17
[57] Vgl. Schmitt-Walter 2004, S. 13 ff.

nicht verwendbar waren. Die Aktivität der Rezipienten zeichnete sich im Wesentlich durch das Treffen von Selektionsentscheidungen aus.[58] Durch die Entwicklungen zum Web 2.0 ist das Internet allerdings beschreibbar geworden, wodurch eine intensive Interaktion und Partizipation der Rezipienten möglich wurde. Das „Mitmach-Netz" beziehungsweise vielmehr die in ihm enthaltenen sozialen Medien sind wegen ihres Partizipations- und Interaktionsmerkmals, das im Gegensatz zur Einseitigkeit der Massenkommunikation steht, nicht mehr den Massenmedien zuzuordnen. Dieses Merkmal ist so stark ausgeprägt, dass Plattformen der sozialen Medien wie Facebook, YouTube oder Wikipedia ihre Inhalte ausschließlich von ihren Nutzern beziehen.[59] Dabei ist zu beachten, dass die zuvor dargelegten verschiedenen Schwerpunkte in den Erklärungen der sozialen Medien, zwischenmenschliche Beziehungen, Kommunikation und Austausch von Inhalten, auf dem zentralen Merkmal der Partizipation und Interaktion basieren und als dessen Ausprägungen angesehen werden können. Charakteristisch für die sozialen Medien ist demnach eine „many-to-many" Kommunikation, obgleich mittels entsprechender Dienste auch andere Kommunikationsmodi, wie eine „one-to-one" (z.B. Facebook-Chat) und eine „one-to-many" (z.B. Blog) Kommunikation, möglich sind.[60] Durch die zahlreichen Optionen, die die sozialen Medien bieten, werden weitere Merkmale der Massenkommunikation, wie die Indirektheit oder Öffentlichkeit der Kommunikation, nicht uneingeschränkt erfüllt. Somit wird deutlich, dass die Möglichkeiten zur intensiven Partizipation und Interaktion der Nutzer und die sich daraus entwickelnden sozialen Komponenten der Social Media als der zentrale Unterschied nicht nur zum Internet vor dem Web 2.0, sondern auch zu den klassischen Massenmedien festgehalten werden kann.

---

[58] Vgl. Münker 2012, S. 45; Rössler 1998, S. 17 ff.; Wirth & Schweiger 1999, S. 43 ff.; Schweiger 2001, S. 9 & 42 ff.; Niedermaier 2008, S. 59 f.
[59] Vgl. Münker 2012, S. 47 f.
[60] Vgl. Heymann-Reder 2011, S. 20; Morris & Ogan 1996, S. 42 f.

3 Motivation

Nachdem im vorangegangenen Kapitel die relevanten Aspekte des Themengebietes der sozialen Medien vorgestellt wurden, folgen in diesem Teil des Buches die Ausführungen zur Motivation. Im ersten Abschnitt wird zunächst das Themenfeld der Motivation kurz dargestellt, um grundlegende Begrifflichkeiten und Gegebenheiten zu klären. Hierfür wird einerseits die Verhaltensgleichung erläutert, um die Einflussfaktoren auf das Verhalten vorzustellen. Andererseits wird auf die Grundsätze der Erwartungs-Wert-Theorien eingegangen, da diese von zentraler Bedeutung für fast alle Theorien in der Motivationsforschung sind.[61] Dabei wird die Expectancy-Value-Theorie von Martin Fishbein und Icek Ajzen im Besonderen behandelt, denn diese beruht auf ähnlichen Annahmen wie die Erwartungs-Wert-Theorien und ist für die folgenden Ausführungen bezüglich der Medienpsychologie in Kapitel 4 „Medien und deren Nutzungsmotive" relevant.[62] In den nächsten beiden Abschnitten dieses Kapitels folgen die neurowissenschaftlichen Ausführungen zur Motivation. Dabei wird zunächst ein Überblick über die neurowissenschaftlichen Grundlagen vermittelt, die für das Verständnis des Belohnungssystems als neuronales Korrelat der Motivation von Bedeutung sind.

3.1 Das Themenfeld der Motivation

Die Thematik der Motivation ist nicht nur im Alltag präsent. In der Psychologie ist Motivation der am häufigsten genutzte Begriff und besitzt Relevanz für alle weiteren psychischen Funktionen, wie Wahrnehmung, Aufmerksamkeit, Gedächtnis oder Problemlösen. Diese Relevanz ist unter Berücksichtigung des zentralen Ausgangspunktes der Motivationspsychologie, der Frage, warum etwas getan wird und somit auch beispielsweise,

---

[61] Vgl. Feather 1959a, S. 150 – 164; Feather 1959b, S. 257 – 266; Wahba & House 1974, S. 121 - 147

[62] Vgl. Fishbein 1963, S. 233; Fishbein & Ajzen 1975, S. 13 ff.; Palmgreen & Rayburn 1982, S. 561 - 580

warum etwas wahrgenommen oder erinnert wird, offensichtlich.[63] Dabei
unterscheiden sich der alltägliche Gebrauch und das wissenschaftliche Verständnis des Begriffs Motivation. In Ersterem werden Merkmale wie Taten-
drang, Ausdauer, Schaffensfreude oder Eifer mit Motivation assoziiert. Dies
bestätigt auch die Erklärung im Deutschen Wörterbuch, in dem Motivation
als „Wille bzw. Antrieb zur Leistung"[64] definiert und damit die Leistungsbe-
reitschaft betont wird.[65] Aus wissenschaftlicher Sicht beschreibt John W.
Atkinson als einer der Pioniere der experimentellen Motivationsforschung
den Sachverhalt wie folgt: „The study of motivation has to do with analysis
of the various factors which incite and direct an individual's actions"[66]. Diese Beschreibung ist weit umfassender zu verstehen als die des Wörterbuchs.
Es werden jegliche gerichtete Tätigkeiten eines Individuums miteinbezogen,
nicht nur jene, die eine bemerkenswerte Leistung darstellen. Dabei ist jedoch
zu beachten, dass das zielgerichtete Verhalten als Gegenstand der Motivationspsychologie, von unwillkürlichen Reaktionen wie Reflexen oder automa-
tisierten Abläufen wie feinmotorischen Abläufen, beispielsweise beim
Schreiben, zu unterscheiden ist.[67] So kann Motivation als „aktivierende Ausrichtung des momentanen Lebensvollzuges auf einen positiv bewerteten
Zielzustand"[68] definiert werden.

3.1.1 Verhalten als Funktion aus Personen- und Situationsfaktoren

Nach der Definition der Motivation ist jegliches willkürliches beziehungsweise zielgerichtetes Verhalten eines Menschen motiviert. Dabei sind
interindividuelle Unterschiede im Verhalten festzustellen. Das bedeutet,
dass verschiedene Personen ein unterschiedliches Verhalten zeigen. Diese
interindividuellen Unterschiede erklärt die Psychologie mithilfe des Motiv-
konzeptes. Die individuellen Besonderheiten in der Person eines jeden

---

[63] Vgl. Brandstätter et al. 2013, S. 3; Sokolowski 2013, S. 251
[64] Paul 2002, S. 675
[65] Vgl. Brandstätter et al. 2013, S. 3 f.
[66] Atkinson 1964, S. 1
[67] Vgl. Brandstätter et al. 2013, S. 4
[68] Rheinberg 2008, S. 16

Menschen führen dazu, dass die oben genannten positiv bewerteten Zielzustände nicht von jedem Individuum gleich stark präferiert beziehungsweise im gleichen Maße positiv bewertet werden. Jeder Mensch hat individuelle Bewertungsvorlieben. Diese individuellen und zeitlich überdauernden Präferenzen für bestimmte Zielzustände sind das, was die Psychologie als Motiv bezeichnet.[69] Im Unterschied dazu sind Bedürfnisse das Resultat von Mangelzuständen. Sie entstehen also, wenn ein Bedarf an etwas existiert. Dabei können universelle, sogenannte primäre Bedürfnisse wie Hunger, Durst und das Bedürfnis nach Zuwendung von sekundären, durch die Sozialisation und jeweilige Gesellschaft geformte Bedürfnisse unterschieden werden.[70]

Neben interindividuellen Unterschieden im Verhalten verlangen zudem intraindividuelle Unterschiede nach einer Erklärung. Hierbei stellt sich die Frage, warum dieselbe Person nicht immer ihren Motiven entsprechend handelt und in verschiedenen Situationen ein unterschiedliches Verhalten zeigt. Die Umwelt und die sich somit bietenden Gelegenheiten und Anreize stellen eine weitere Verhaltensdeterminante dar.[71] Ein zielgerichtetes beziehungsweise motiviertes Verhalten lässt sich demnach weder allein durch Personenfaktoren, wie Triebe oder Gewohnheiten, noch allein durch Situationsfaktoren, wie Zwänge oder Verlockungen, erklären, sondern stellt immer ein Produkt derselben dar. Die Verhaltensgleichung lässt sich formulieren als $V = P \times U$,[72] „Verhalten ist eine Funktion von Person- und Umweltfaktoren"[73]. Abbildung 2 zeigt den Zusammenhang.

---

[69] Vgl. Birbaumer & Schmidt 2006, S. 424; Rheinberg 2008, S. 19 f.; Brandstätter et al. 2013, S. 4 f.; Heckhausen & Heckhausen 2010, S. 3 ff.
[70] Vgl. Sokolowski 2013, S. 252
[71] Vgl. Heckhausen & Heckhausen 2010, S. 3 & 5; Brandstätter et al. 2013, S. 5
[72] Vgl. Rheinberg 2008, S. 42 ff.; Heckhausen & Heckhausen 2010, S. 3 ff.; Brandstätter et al. 2013, S. 5 f.
[73] Brandstäter et al. 2013, S. 5

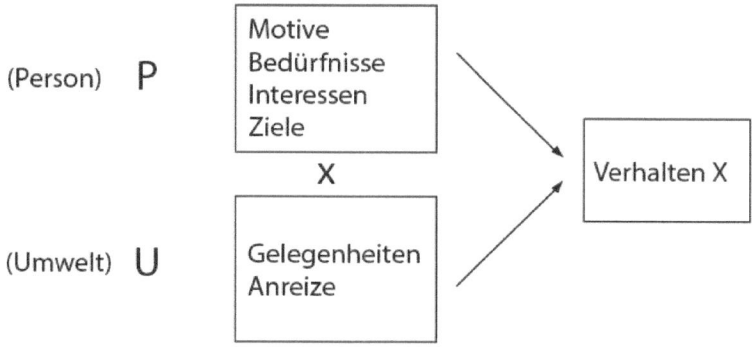

Abbildung 2: Verhalten als Funktion von Person und Umwelt[74]

In Bezug auf die Personenfaktoren können grundsätzlich drei Arten von Faktoren unterschieden werden. Neben universellen Verhaltenstendenzen und Bedürfnissen, die eine Gruppe bilden und die vor allem grundlegende physiologische Bedürfnisse wie Durst oder Hunger umfassen, werden Motivdispositionen (implizite Motive) und Zielsetzungen (explizite Motive) unterschieden.[75] Motivdispositionen sind unbewusste Präferenzen, die sich durch affektive Lernerfahrungen in früher Kindheit entwickeln oder auf genetischer Information basieren. Sie sind also auf die Persönlichkeit des Individuums zurückzuführen, auf seine Eigenschaften und Gewohnheiten. Sie regulieren zielgerichtetes Verhalten spontan, ohne ein bewusstes Vornehmen der Handlung, größere Überlegungen oder bewusste Kontrolle des Verhaltens. Explizite Motive sind dagegen bewusste Ziele, Werte und Selbstbilder, welche sich eine Person selbst zuschreibt. Sie entwickeln sich durch soziale Interaktionen, wie Anforderungen oder Erwartungen von Bezugspersonen, Regeln und Normen der Gesellschaft, und regulieren bewusst durchdachtes Verhalten.[76]

Die Umweltfaktoren bestehen aus Gelegenheiten und Anreizen. Letztere umfassen alles, was Situationen einem Individuum an Positivem oder Negativem voraussagen oder andeuten. Solche Anreize haben

---

[74] Brandstätter et al. 2013, S. 6
[75] Vgl. Heckhausen & Heckhausen 2010, S. 3
[76] Vgl. zu diesem Absatz McClelland, Koestner & Weinberger 1989, S. 690 – 702; Heckhausen & Heckhausen 2010, S. 4 f.

Aufforderungscharakter für ein bestimmtes Handeln.[77] Der Aufforderungscharakter eines Anreizes zeigt jedoch nur Wirkung, wenn das auf ihn treffende Individuum das entsprechende Motiv oder Bedürfnis besitzt. Eine Person, die gerade zu Mittag gegessen hat und deren Bedürfnis nach Nahrung befriedigt ist, wird auf einen verlockend riechenden Imbissstand als Anreiz in der Regel weniger stark reagieren als eine hungrige Person. Dieser Zusammenhang gilt auch in umgekehrter Weise, denn trotz vorhandenem Motiv bleibt ein Verhalten durch das Fehlen einer Gelegenheit oder einer Aufforderung durch einen Anreiz aus. Dies lässt sich mit der oben dargelegten Verhaltensfunktion in Einklang bringen: Ist ein Faktor der Gleichung nicht vorhanden, also gleich Null, wird der gesamte Term Null, also resultiert das entsprechende Verhalten nicht.[78]

3.1.2 Motivation als Funktion aus Erwartung mal Wert

Neben der grundlegenden Annahme der Determinierung des menschlichen Verhaltens durch Personen- und Situationsfaktoren gibt es ein weiteres Modell von besonderer Relevanz in der Motivationspsychologie. Die Erwartungs-Wert-Theorien stellen für nahezu jedes neuere Konzept in der Motivationspsychologie den Ausgangspunkt dar.[79] Mithilfe dieser Theorien werden Aussagen über die Stärke einer Motivationstendenz getroffen. Das bedeutet, es werden die Determinanten beziehungsweise Einflussgrößen identifiziert, die bestimmen, in welchem Maße eine Person motiviert ist, eine Handlung zu vollziehen, um ein Ziel zu erreichen.[80] Dabei wird ein rationales Vorgehen der Person angenommen, sodass für die resultierende Motivation neben dem subjektiven Wert, der dem angestrebten Ziel zugerechnet wird, außerdem die wahrgenommene Realisierungswahrscheinlichkeit zu berücksichtigen ist. Als relevante Einflussgrößen auf die Stärke der Motivationstendenz werden also die Attraktivität des Ziels für die jeweilige Person sowie die Erwartung der Person, definiert als Wahrscheinlichkeit der Zielerreichung,

---

[77] Vgl. Heckhausen & Heckhausen 2010, S. 5
[78] Vgl. hierzu Brandstätter et al. 2013, S. 5
[79] Vgl. Feather 1959a, S. 150 – 164; Feather 1959b, S. 257 – 266; Wahba & House 1974, S. 121 - 147
[80] Vgl. Heckhausen 1989, S. 2 f.

festgehalten. Die höchste Motivation resultiert demnach aus dem maximalen Produkt aus Erwartung und Wert. Dabei kann die Wertvariable, nach dem Vorbild des prominentesten Vertreters dieser Theorien John William Atkinson und in Anlehnung an die im vorherigen Abschnitt dargelegte Verhaltensfunktion, in einen Personen- und einen Situationsparameter aufgespalten werden. So kann die Funktion M = W x E = (P x U) x E, Motivation ist eine Funktion aus Wert und Erwartung beziehungsweise aus Personen-, Umweltfaktoren und Erwartung, in vereinfachter Form formuliert werden.[81]

Die Expectancy-Value-Theorie von Martin Fishbein und Icek Ajzen befasst sich mit der Beziehung zwischen Einstellungen und Verhalten. Das bedeutet, sie bietet eine Erklärung dafür, inwiefern die individuelle Einstellung bezüglich eines Objektes die Wahrscheinlichkeit beeinflusst, dass bestimmte Handlungen vollzogen werden.[82] Dabei wird gemäß dem Modell von Fishbein angenommen, dass sich eine Einstellung (attitude; A) gegenüber einem Objekt (object; O) in einer Funktion aus Erwartungen (beliefs; b) an dieses Objekt und den affektiven Bewertungen (evaluations; e) dieser Erwartungen ausdrücken lassen. Unter den Erwartungen ist dabei die subjektiv wahrgenommene Wahrscheinlichkeit zu verstehen, dass das Objekt bestimmte Attribute, Charakteristiken oder Eigenschaften besitzt oder bestimmte Konsequenzen nach sich zieht. Die Bewertung ist der Grad an positivem oder negativem Affekt dem Attribut gegenüber.[83] Die Einstellung einer Person ergibt sich aus der Summe der Produkte aller Erwartungen und jeweiligen Bewertungen, die die Person in Bezug auf ein Objekt hat.[84] Diesen Zusammenhang zeigt Abbildung 3.

---

[81] Vgl. Puca & Langens 2008, S. 197 f.; Brandstätter, Achtziger & Gollwitzer 2011, S. 176; Atkinson 1957, S. 359 – 372

[82] Vgl. Schramm & Hasebrink 2004, S. 472; Fishbein & Ajzen 1975, S. 13 ff.

[83] Vgl. Fishbein 1963, S. 233; Fishbein & Ajzen 1975, S. 13 ff.

[84] Vgl. Fishbein 1963, S. 233; Fishbein & Ajzen 1975, S. 29 f.

$$A_O = \sum_{i=1}^{n} b_i e_i$$

Abbildung 3: Funktion der Einstellung A_O zum Objekt O, wobei b_i die Erwartung bezüglich des Attributes i in Bezug auf O, e_i die Bewertung des Attributes i und n die Anzahl der erwarteten Attribute ist[85]

Als Beispiel kann eine Reise mit einem Flugzeug als Objekt dienen. Dabei können eine niedrige Lautstärke während der Reise mit hoher Wahrscheinlichkeit, schlechter Komfort mit geringer Wahrscheinlichkeit und eine schlechte CO_2-Bilanz mit sehr hoher Wahrscheinlichkeit erwartet werden (b). Als evaluations in diesem Beispiel wären demnach eine positive Bewertung der geringen Lautstärke, eine negative Bewertung des schlechten Komforts und eine extrem negative Bewertung der schlechten CO_2-Bilanz denkbar (e).[86] In Tabelle 1 sind die entsprechenden hypothetischen Daten aufgeführt.

Tabelle 1: Hypothetische Einstellung zum Beispiel „Reise mit einem Flugzeug"[87]

i	b	e	be
Geringe Lautstärke	.70	+2	1.40
Schlechter Komfort	.30	- 2	- 0.60
Schlechte CO_2-Bilanz	.99	- 4	- 3.96

$$A_O = \sum_{i=1}^{n} b_i e_i = -3.16$$

Im angeführten Beispiel wäre die resultierende Einstellung gegenüber der Reise mit einem Flugzeug negativ.[88] Dieses Ergebnis würde

---

[85] Fishbein & Ajzen 1975, S. 29
[86] Vgl. Fishbein & Ajzen 1975, S. 29 f.
[87] Eigene Darstellung in Anlehnung an Fishbein & Ajzen 1975, S. 29
[88] Vgl. Fishbein & Ajzen 1975, S. 29 f.

entsprechend der Expectancy-Value-Theorie nach Fishbein und Ajzen die Wahrscheinlichkeit eine bestimmte Handlung zu vollziehen, in diesem Fall die Reise tatsächlich anzutreten, negativ beeinflussen. Gemäß der Theorie besteht zwischen Einstellungen und dem resultierenden Verhalten also eine Beziehung, jedoch keine determinierender Art.[89]

3.2   Neurowissenschaftliche Grundlagen

Nachdem die essenziellen psychologischen Aspekte der Motivation behandelt wurden, soll das Thema nun aus neurowissenschaftlicher Perspektive näher beleuchtet werden. Bevor jedoch im nächsten Teil dieses Abschnittes die Vorgänge im Gehirn während des Motivationsprozesses detailliert erläutert werden können, müssen zunächst einige neurowissenschaftliche Grundlagen vorgestellt werden. Um dies im Rahmen dieses Buches und dennoch im notwendigen Umfang gewährleisten zu können, müssen die Umstände und Prozesse in abstrahierter und auf das Grundlegende reduzierter Form dargestellt werden. Hierfür werden zunächst der Aufbau und die Eigenschaften des zentralen Nervensystems in groben Zügen beschrieben. Im Anschluss wird die Funktionsweise der synaptischen Reizweiterleitung in vereinfachter Form dargelegt, um die Relevanz des Neurotransmitters Dopamin für den Motivationsprozess verdeutlichen zu können.

3.2.1 Aufbau   und   Eigenschaften   des   zentralen Nervensystems

Das Nervensystem ist für das Leben in seiner bekannten Form von grundlegender Bedeutung. Es ermöglicht die Wahrnehmung, das Denken, Fühlen und Handeln auf bewusster sowie unbewusster Ebene.[90] Dabei wird zwischen dem zentralen und peripheren Nervensystem unterschieden. Das zentrale Nervensystem besteht aus dem Gehirn und dem Rückenmark. Es

---

[89] Vgl. Fishbein & Ajzen 1975, S. 31 ff., Fishbein 1963, S. 233 - 239
[90] Vgl. Bear, Connors & Paradiso 2009, S. 5; Braitenberg & Schüz 2006, S. 2 f.; Carlson 2004, S. 2 f.

ermöglicht die Verarbeitung aller eingehenden Informationen und sendet entsprechende Befehle an Erfolgsorgane, wie Muskulatur oder Drüsen. Das periphere Nervensystem stellt in diesem Prozess das Rezeptions- und Ausführungsorgan des zentralen Nervensystems dar. Eine Vielzahl von Nerven, die sich durch den Körper ziehen, leiten die Reize, die über Sinneszellen wahrgenommen wurden, zum zentralen Nervensystem und nach der Verarbeitung die resultierenden Befehle an die Erfolgsorgane zurück.[91]

Als Teil des zentralen Nervensystems hat das Rückenmark einerseits eine Verbindungsfunktion zwischen Gehirn und peripherem Nervensystem. Andererseits erbringt es durch den sogenannten Eigenapparat bereits selbst einfache Steuerleistungen in Form von Reflexen.[92] An das Rückenmark schließt sich der entwicklungsgeschichtlich älteste Teil des Gehirns an, der als Truncus cerebri oder Hirnstamm bezeichnet wird. Dieser lässt sich in einen unteren Teil, dem Rhombencephalon oder Rautenhirn, und einen oberen Teil, dem Mesencephalon oder Mittelhirn, gliedern. Der Hirnstamm ist vor allem an der Steuerung motorischer Abläufe sowie automatisierter und lebenswichtiger Körperfunktionen beteiligt, wie beispielsweise der Atmung oder dem Herzschlag.[93] Das sich wiederum nach oben anschließende Vorderhirn übernimmt dagegen die Steuerung komplexerer Prozesse. Hier werden beispielsweise Bewegungsabläufe gespeichert und der Hormonhaushalt, der Biorhythmus sowie emotionale und motivationale Verhaltensweisen geregelt.[94] Das Vorderhirn teilt sich in das Diencephalon oder Zwischenhirn und die beiden Großhirnhemisphären, die zusammen das Telencephalon oder Endhirn bilden.[95] Die einzelnen Abschnitte sind in Abbildung 4 dargestellt.

---

[91] Vgl. Trepel 2012, S. 1 f.; Dudel 2006, S. 43
[92] Vgl. Trepel 2012, S. 87 ff.; Schmitt 2008, S. 45
[93] Vgl. Bösel 2006, S. 50 ff.; Schmitt 2008, S. 45; Rockstroh 2011, S. 33
[94] Vgl. Güntürkün 2012, S. 88 ff.; Rockstroh 2011, S. 35 ff.; Schmitt 2008, S. 46 ff.
[95] Vgl. Bösel 2006, S. 50

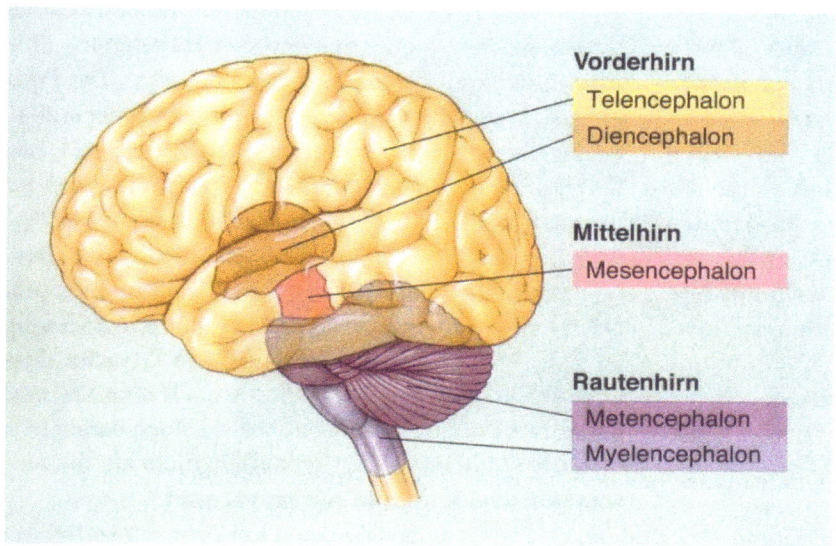

Abbildung 4: Die Abschnitte des erwachsenen menschlichen Gehirns[96]

Das Telencephalon besteht hauptsächlich aus einer Gruppe großer Hirn-kerne mit der Bezeichnung Basalganglien und der Großhirnrinde, dem Cortex. Dieser wird wiederum in vier Lappen geteilt, die ihrer räumlichen Lage entsprechend als Frontal-, Temporal-, Partial- und Occipitalcortex bezeichnet werden (siehe Abbildung 5).

---

[96] Pinel 2007, S. 85

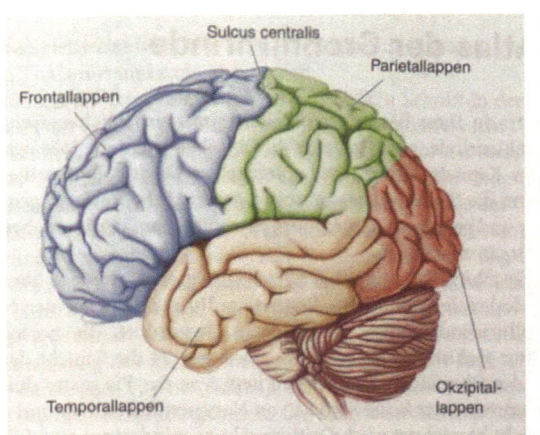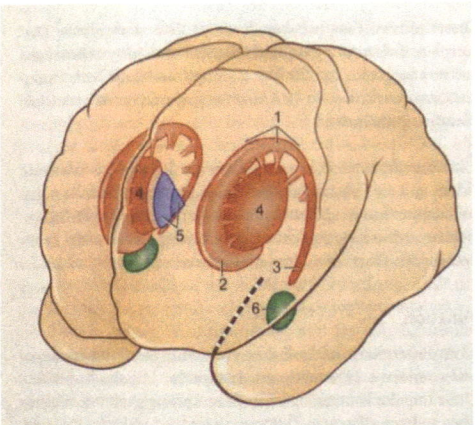

Abbildung 5: Die vier Lappen des menschlichen Gehirns (links); die Lage und Bestandteile der Basalganglien und der Amygdala (Corpus Amygdaloideum) (rechts); (1) Nucleus caudatus mit (2) Caput und (3) Cauda nuclei caudati. (4) Putamen (bildet mit (1) das Striatum), (5) Pallidum, (6) Corpus amygdaloideum (im vorderen Drittel des Temporallappens)[97]

Während die Basalganglien unter anderem der Speicherung von Handlungsroutinen dienen, finden im Cortex der größte Teil der Denkprozesse und Wahrnehmungsleistungen statt.[98] Neben dieser groben Segmentierung lassen sich weitere grundsätzliche Aussagen zur Struktur des Gehirns formulieren. So stehen tiefer liegende Ebenen für unbewusste Prozesse wie Instinkte oder Gefühle, während der Hirnrinde als äußere Struktur kognitive und bewusste Prozesse zugeschrieben werden können. Außerdem werden der vordere Teil des Gehirns zum Planen und Handeln und der hintere Teil zur Wahrnehmung eingesetzt.[99]

Die beiden wichtigsten zellulären Bausteine des gesamten Nervensystems sind die Neuronen und die Gliazellen. Die Neuronen leisten die bereits angesprochene Informationsleitung und -verarbeitung.[100] Die Gliazellen dienen dabei als Hilfsapparat und stellen, besonders im Gehirn mit 90 Prozent, den größten Anteil der Zellen. Neben ihrer seit langem bekannten

---

[97] Bear, Connors & Paradiso 2009, S. 217; Trepel 2012, S. 205
[98] Vgl. Güntürkün 2012, S. 88 ff.; Bösel 2006, S. 56; Schmitt 2008, S. 47
[99] Vgl. Schmitt 2008, S. 46
[100] Vgl. Schandry 2011, S. 46

Stützfunktion erfüllen die verschiedenen Gliazelltypen eine Vielzahl weiterer Funktionen, wie beispielsweise die Versorgung der Neurone mit Energie oder die Beschleunigung der Signalübertragung.[101] Im Gehirn gibt es sogenannte Kerngebiete, in denen sich eine große Anzahl von Neuronen zu einem Nervenzellklumpen verdichtet hat. Besonders im Hirnstamm und unteren Vorderhirn finden sich viele dieser Kerngebiete mit speziellen Funktionen.

Ein solches Kerngebiet, das wegen seiner besonderen Bedeutung für das Erleben und den Ausdruck von Emotionen viel Aufmerksamkeit auf sich zieht, ist die Amygdala.[102] Diese Struktur zählt zu den größten Komponenten des Endhirns, befindet sich im Temporalcortex und ist Teil des limbischen Systems, welches als zentraler Gehirnbereich für Emotionen gilt.[103] Obwohl die Amygdala in erster Linie mit Emotionen assoziiert wird, ist sie dennoch auch für Motivationsprozesse relevant.[104] Weitere Kerngebiete, welche als wesentliche Bestandteile des neuronalen Belohnungssystems von zentraler Bedeutung für Motivation sind, stellen der Nucleus accumbens und die Nuclei tegmentales anteriores, die auch als ventrales tegmentales Areal bezeichnet werden, dar.[105] Letzteres gehört zum unteren Teil des Mittelhirns, dem sogenannten Tegmentum, und befindet sich in dessen vorderen Bereich im Übergangsgebiet zum Hypothalamus.[106] Der Nucleus accumbens ist dagegen ein kleiner Teil des Striatums, welches zu den im Endhirn liegenden Basalganglien gehört (siehe Abbildung 6).[107]

---

[101] Vgl. Schandry 2011, S. 46 & 56 ff.; Allen & Barres 2009, S. 675 - 677

[102] Vgl. Bear, Connors & Paradiso 2009, S. 642; Schmitt 2008, S. 46

[103] Vgl. Lippert 2011, S. 535 f.; Güntürkün 2012, S. 81; Trepel 2012, S. 212 ff.; Kasten 2007, S. 32 f.

[104] Vgl. Cardinal et al. 2002, S. 321 – 352; Schultheiss & Wirth 2010, S. 263 ff.

[105] Vgl. Pritzel, Brand & Markowitsch 2003, S. 481; Bösel 2006, S. 99 ff., Cardinal et al. 2002, S. 321 – 352; Schultheiss & Wirth 2010, S. 263 ff.

[106] Vgl. Bösel 2006, S. 93 ff.

[107] Vgl. Trepel 2012, S. 204 f.; Schandry 2011, S. 426 f.; Bösel 2006, S.103

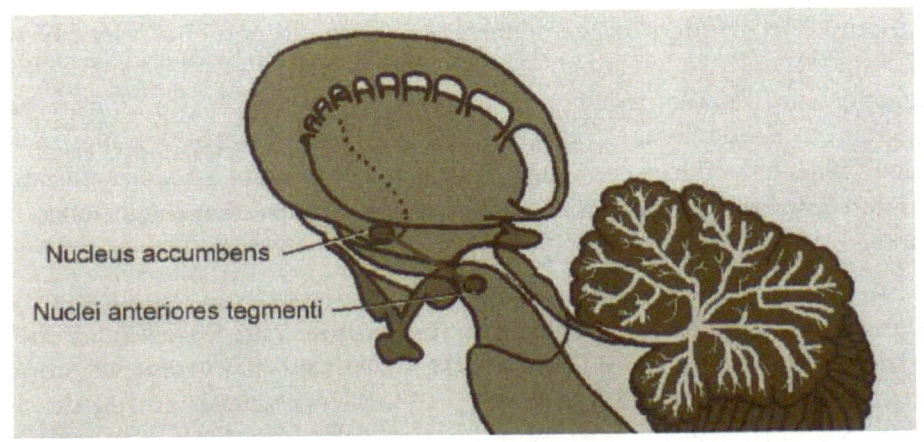

Abbildung 6: Lage des Nucleus accumbens und des ventralen tegmentalen Areals[108]

3.2.2 Synaptische Reizweiterleitung und der Neurotransmitter Dopamin

Im vorangegangenen Abschnitt wurde bereits die Reizleitung im peripheren Nervensystem sowie die Informationsübertragung und -verarbeitung im zentralen Nervensystem durch Neuronen erwähnt. Dieser Informationsaustausch ist mithilfe eines elektrischen Signals möglich. Der von Sinneszellen wahrgenommene Reiz wird in das elektrische Nervensignal umgewandelt, welches von den Neuronen schnell und ohne Ladungsverlust transportiert werden kann.[109] Neben der intrazellulären Reizweiterleitung ist jedoch auch eine interzelluläre Kommunikation nötig, um das erzeugte Nervensignal für eine Verarbeitung von den Sinneszellen zu den Neuronen des zentralen Nervensystems und für eine entsprechende Reaktion schließlich zu den Zellen des Erfolgsorgans zu leiten. Das bedeutet, der elektrische Impuls muss zwischen Neuronen sowie zwischen Neuronen und anderen Zelltypen übertragen werden. Dies geschieht mithilfe spezialisierter Kontaktstellen, die Synapsen genannt werden.[110] Im menschlichen

---

[108] Bösel 2006, S. 103
[109] Vgl. Köhler 2001, S. 71 ff.; Bear, Connors & Paradiso 2009, S. 58 f.
[110] Vgl. Dudel 2006, S. 43; Bear, Connors & Paradiso 2009, S. 114

Gehirn sind die meisten dieser Kontaktstellen sogenannte chemische Synapsen, in denen die Signalübertragung mithilfe von chemischen Botenstoffen stattfindet. Die seltenere und für das Thema dieses Buches wenig relevante Art der Synapsen ist die elektrische Synapse.[111]

Über eine chemische Synapse im Gehirn können Nervensignale lediglich in eine Richtung weitergeleitet werden. Das bedeutet, in jeder Synapse gibt es eine präsynaptische Zelle beziehungsweise präsynaptische Endigung, die ein Signal auf die postsynaptische Zielzelle überträgt. Die beiden kommunizierenden Zellen sind dabei von einem 20-50nm breiten synaptischen Spalt voneinander getrennt.[112] Erreicht ein Nervensignal die präsynaptische Endigung, erfolgt aus dieser Zelle die Ausschüttung des chemischen Botenstoffes in den synaptischen Spalt. Diese Übertragungsstoffe werden Neurotransmitter genannt und erreichen durch die Ausbreitung im synaptischen Spalt auch die Rezeptoren an der postsynaptische Zellmembran. Durch das Andocken des Neurotransmitters an den Rezeptoren werden wiederum postsynaptische Mechanismen ausgelöst, die das Nervensignal in der Zielzelle erneut entstehen lassen und somit die Übertragung des elektrischen Impulses finalisieren.[113]

Dabei ist jedoch zu beachten, dass es eine Vielzahl verschiedener Neurotransmitter mit unterschiedlichen Eigenschaften gibt.[114] So unterscheidet sich beispielsweise die Geschwindigkeit ihrer Wirkung. Während einige Transmitter ihre Wirkung in Millisekunden entfalten, benötigen andere Stunden.[115] Die Transmitter binden zudem ausschließlich an Rezeptortypen, zu denen sie nach dem Schlüssel-Schloss-Prinzip exakt passen.[116] In den meisten Fällen haben Neurotransmitter mehrere zugehörige Rezeptoren, die wiederum unterschiedliche Eigenschaften besitzen. Dadurch entsteht eine enorme Anzahl an Transmitter-Rezeptor-Kombinationen, die jeweils eine spezifische Wirkung nach sich ziehen.[117] Wie eben dargestellt, kann ein

---

[111] Vgl. Schandry 2011, S. 83 f.; Bear, Connors & Paradiso 2009, S. 115 ff.
[112] Vgl. Bear, Connors & Paradiso 2009, S. 116 & 118; Schandry 2011, S. 84
[113] Vgl. Schandry 2011, S. 84 f.; Dudel 2006, S. 43
[114] Vgl. Bear, Connors & Paradiso 2009, S. 124 ff.; Köhler 2001, S. 84 ff.; Schandry 2011, S. 85 ff.
[115] Vgl. Schmitt 2008, S. 54
[116] Vgl. Schandry 2011, S. 87
[117] Vgl. Güntürkün 2012, S. 66 f.

Transmitter beispielsweise auf die Zielzelle der Synapse eine aktivierende Wirkung haben und ein elektrisches Signal übertragen. In Kombination mit einem anderen Rezeptor oder in anderen Regionen des Nervensystems kann der gleiche Botenstoff auf die postsynaptische Zelle jedoch eine andere Auswirkung haben und zum Beispiel hemmend wirken.[118] Das komplexe menschliche Denken wird erst durch diese Vielfalt an Kommunikationsmöglichkeiten zwischen Neuronen im Gehirn möglich.[119]

Von besonderer Bedeutung für das Phänomen der Motivation und das mit ihr in Zusammenhang stehende neuronale Belohnungssystem ist der Neurotransmitter Dopamin.[120] Obwohl die Konzentration dieses Transmitters im Verlauf der Evolution erheblich zugenommen hat, ist der Anteil der Neuronen, die Dopamin als Botenstoff verwenden, an der Gesamtheit der Nervenzellen im Gehirn eher gering.[121] Dabei ist eine Vielzahl besonders langer Verzweigungen, die große Entfernungen zwischen Zielgebieten überbrücken können, charakteristisch für diese Art von Neuronen, die trotz ihrer mengenmäßigen Unterlegenheit eine große Wirkung auf das Denken und Verhalten haben.[122] Neben der Erfüllung wichtiger Funktionen innerhalb des neuronalen Belohnungssystems übernimmt Dopamin in anderen Nervenbahnsystemen unter anderem eine Rolle bei der Steuerung von Bewegungsabläufen, bei der Erlebnisverarbeitung und bei der Regulation von Hormonausschüttungen.[123]

3.3 Das Belohnungssystem als neuronales Korrelat der Motivation

Die motivationale Wirkung der verschiedenen Bedürfnisse wird durch jeweils unterschiedliche neuronale Strukturen erzeugt. Dennoch gibt es einige Systeme, die in nahezu jeden motivationalen Vorgang involviert und

---

[118] Vgl. Birbaumer & Schmidt 2010a, S. 94 f.; Schmitt 2008, S. 55

[119] Vgl. Güntürkün 2012, S. 67

[120] Vgl. Myers 2008, S. 79; Schandry 2011, S. 427; Schmalt & Langens 2009, S. 46 ff.

[121] Vgl. Rockstroh 2011, S. 58; Schandry 2011, S. 94

[122] Vgl. Birbaumer & Schmidt 2010a, S. 94; Schandry 2011, S. 94

[123] Vgl. Carlson 2004, S. 135 ff.; Schmitt 2008, S. 76 ff., Rockstroh 2011, S. 59

deshalb von zentraler Bedeutung für Motivationsprozesse sind. Hierzu gehören beispielsweise der Nucleus accumbens und das ventrale tegmentale Areal als Bestandteile des mesolimbischen Dopaminsystems sowie die Amygdala.[124] Daher wird im Folgenden zunächst das mesolimbische Dopaminsystem als zentrale neuronale Struktur im Motivationsprozess detailliert erläutert, bevor weitere in diesem Zusammenhang relevante Hirnstrukturen und ihre Funktionen eingehend beschrieben werden. Im letzten Teil dieses Abschnittes wird die Bedeutung des sogenannten Belohnungssystems im Detail dargestellt, um diese zu verdeutlichen.

Aus der Literatur geht nicht eindeutig hervor, welche Hirnstrukturen dem Belohnungssystem angehören.[125] Während einige Autoren mit diesem Begriff lediglich das mesolimbische Dopaminsystem[126] oder den Nucleus accumbens[127] bezeichnen, beziehen andere zusätzlich beispielsweise das mesokortikale Dopaminsystem[128] oder die Amygdala[129] mit ein. Im Rahmen dieses Buches ist unter dem Belohnungssystem im engeren Sinne das mesolimbische Dopaminsystem zu verstehen. Im weiteren Sinne umfasst der Begriff allerdings die für den Motivationsprozess zusätzlich relevanten und im zweiten Teil dieses Abschnittes beschriebenen Hirnstrukturen.

3.3.1 Das mesolimbische Dopaminsystem

Die zentrale Struktur des neuronalen Belohnungssystems ist das mesolimbische Dopaminsystem, in dem, wie der Name bereits vermuten lässt, vorrangig Dopamin als Neurotransmitter zum Einsatz kommt.[130] Bei diesem System handelt es sich allerdings nicht um eine einheitliche und eindeutig

---

124 Vgl. Schultheiss & Wirth 2010, S. 263; Cardinal et al. 2002, S. 321 – 352; Myers 2008, S. 79

125 Vgl. Puca & Langens 2008, S. 200 ff.; Bear, Connors & Paradiso 2009, S. 562 & 587 f.; Jänig & Birbaumer 2010, S. 225 ff.

126 Vgl. z.B. Schmitt 2008, S. 76; Güntürkün 2012, S. 72 f. & 221 ff.; Jänig & Birbaumer 2010, S. 225 ff.

127 Vgl. Rockstroh 2011, S. 59

128 Vgl. z.B. Spitzer 2002. S. 177 ff.

129 Vgl. z.B. Schandry 2011, S. 427

130 Vgl. Kasten 2007, S. 43; Bösel 2006, S. 101; Schandry 2011, S. 426; Schultheiss & Wirth 2010, S. 265

abgrenzbare Struktur im Gehirn. Darunter ist vielmehr ein weit verzweigtes System aus dopaminergen Neuronen zu verstehen, die Kerngebiete im Mittel- und Vorderhirn sowie im limbischen System miteinander verbinden. Bisher sind dabei lediglich einzelne Komponenten dieses Systems eingehender untersucht worden.[131] Seinen Ursprung hat das mesolimbische Dopaminsystem im bereits vorgestellten ventralen tegmentalen Areal. Die Dopamin produzierenden Nervenzellen dieser Region im Mittelhirn ziehen hauptsächlich in die Endhirnstrukturen Nucleus accumbens, Amygdala und Präfrontalcortex.[132] Die Bahnen des mesolimbischen Dopaminsystems sind in Abbildung 7 dargestellt.

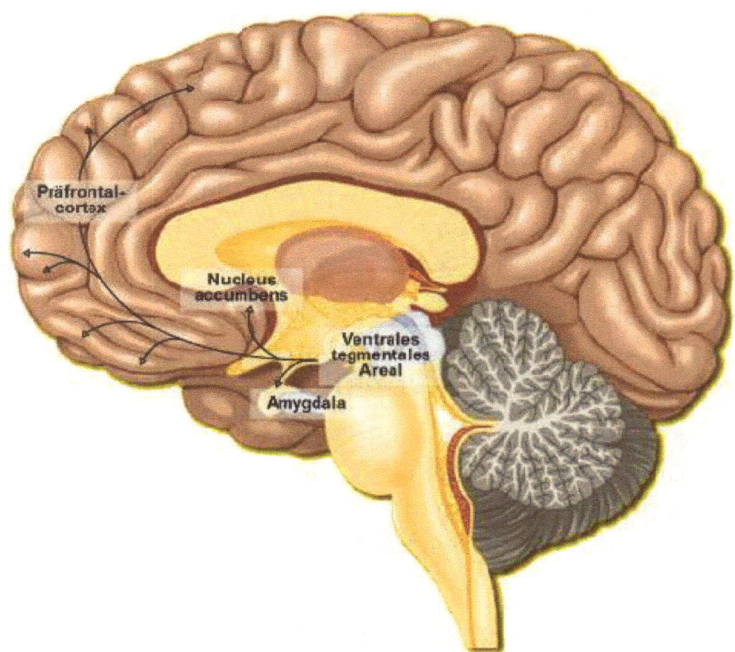

Abbildung 7: Mesolimbisches Dopaminsystem[133]

---

[131] Vgl. Schandry 2011, S. 426 f.
[132] Vgl. Bösel 2006, S. 99 ff.; Schandry 2011, S. 426; Güntürkün 2012, S. 73
[133] In Anlehnung an Gehirn-Atlas.de, Gehirn-Atlas: Funktionen und Funktionsstörungen des Gehirns, Abruf: 02.12.2014; Schandry 2011, S. 427; Schultheiss & Wirth 2010, S. 263; Güntürkün 2012, S. 73

Wird ein Reiz mit einer belohnenden Wirkung wahrgenommen, wie zum Beispiel der Zucker bei der Nahrungsaufnahme, werden die Dopamin produzierenden Neuronen im ventralen tegmentalen Areal dadurch veranlasst, in ihren Zielstrukturen, dem Nucleus accumbens und dem Präfrontalcortex, stoßweise Dopamin auszuschütten.[134] Dabei ist jedoch zu beachten, dass diese Dopaminausschüttung nur zu Beginn eines Lernprozesses direkt mit dem tatsächlichen Auftreten der Belohnung einhergeht. Ist der Zusammenhang zwischen dem Hinweisreiz, beispielsweise die visuelle Wahrnehmung von Nahrung, und der von diesem vorhergesagten Belohnung, der Zucker der durch die Nahrung aufgenommen wird, gelernt, stellt die erhöhte Dopaminkonzentration im Nucleus accumbens eine Reaktion auf den vorhersagenden Hinweisreiz dar und nicht mehr auf die Belohnung selbst.[135] Dies bedeutet die Dopaminausschüttung geht dem Verhalten, in dessen Folge erst die Belohnung in Form eines Lustgewinns erhalten wird, voraus. Diese Beobachtungen bestätigen die Widerlegung der langjährig vorherrschenden Meinung und der populärwissenschaftlichen Darstellungen, laut denen die Dopaminausschüttung im Nucleus accumbens selbst der Grund für das anschließende gute Gefühl, also einen hedonistischen Lustgewinn, ist.[136] Hierbei ist zwischen dem Phänomen des Wollens und dem Phänomen des Mögens zu differenzieren. Forschungsergebnisse bestätigen, dass die Ausschüttung von Dopamin im Nucleus accumbens lediglich den Zustand des Wollens, also ein Verlangen, auslöst und somit motivierend wirkt. Das mesolimbische Dopaminsystem ist demnach besonders relevant dafür, ein zielgerichtetes Verhalten auszulösen. Ein weiteres System im Gehirn, das Opioidsystem, erzeugt mittels körpereigener Opiate wie Endorphinen die belohnende Wirkung, lässt also die angenehmen Empfindungen entstehen.[137] Am Beispiel der Nahrungsaufnahme würde demnach der Anblick der Nahrung einen wahrgenommenen Hinweisreiz für eine Belohnung in Form von Zucker darstellen, der im mesolimbischen Dopaminsystem eine Ausschüttung des Neurotransmitters bewirkt, wodurch ein Verlangen nach

---

[134] Vgl. Schultz 1998, S. 1 – 27

[135] Vgl. Schultz, Dayan & Montague 1997, S. 1593 - 1599

[136] Vgl. Bear, Connors & Paradiso 2009, S. 587; Kasten 2007, S. 43 f.

[137] Vgl. Birbaumer & Schmidt 2010a, S. 699 ff.; Bear, Connors & Paradiso 2009, S. 587 f.; Berridge 1996, S. 1 - 25; Berridge & Robinson 1998, S. 309 - 369; Ikemoto & Panksepp 1999, S. 6 – 41; Pecina et al. 2003, S. 9395 - 9402; Kasten 2007, S. 43 f.; Jänig & Birbaumer 2010, S. 228

dieser Belohnung entsteht. Durch dieses Verlangen und damit durch das mesolimbische Dopaminsystem wird das zielgerichtete Verhalten, also die Annäherung und der Verzehr der Nahrung, ausgelöst. Anders ausgedrückt, es entsteht die Motivation für dieses zielgerichtete Verhalten. Nach dem Verzehr und damit dem Erhalt der Belohnung sorgt das endogene Opioid-system für angenehme Empfindungen und verleiht damit der Zuckerzufuhr, also dem gezeigten Verhalten, erst seinen belohnenden Charakter. Dabei sind die Funktionen des mesolimbischen Dopaminsystems jedoch nicht auf die Reaktion auf positive Reize zu reduzieren. Das System wird ebenso durch Reize angeregt, die eine Bestrafung als Folge anzeigen. In diesem Fall wirkt das System motivierend für Verhaltensweisen, durch die die drohende Bestrafung vermieden werden kann.[138]

3.3.2 Weitere motivationsrelevante Hirnstrukturen

Neben dem mesolimbischen Dopaminsystem sind die Amygdala sowie der orbitofrontale Cortex und der laterale Präfrontalcortex als Teile des fron-talen Cortex wesentlich an den Prozessen der generellen Motivation betei-ligt. Diese Strukturen stehen in Verbindung mit dem Nucleus accumbens.[139] In Abbildung 8 ist die ungefähre Lage dieser motivationsrelevanten Hirn-strukturen dargestellt.

---

[138] Vgl. Schultheiss & Wirth 2010, S. 267; Ikemoto & Panksepp 1999, S. 6 – 41; Salamone 1994, S. 117 - 133

[139] Vgl. Schultheiss & Wirth 2010, S. 263 ff.; Cardinal et al. 2002, S. 321 – 352

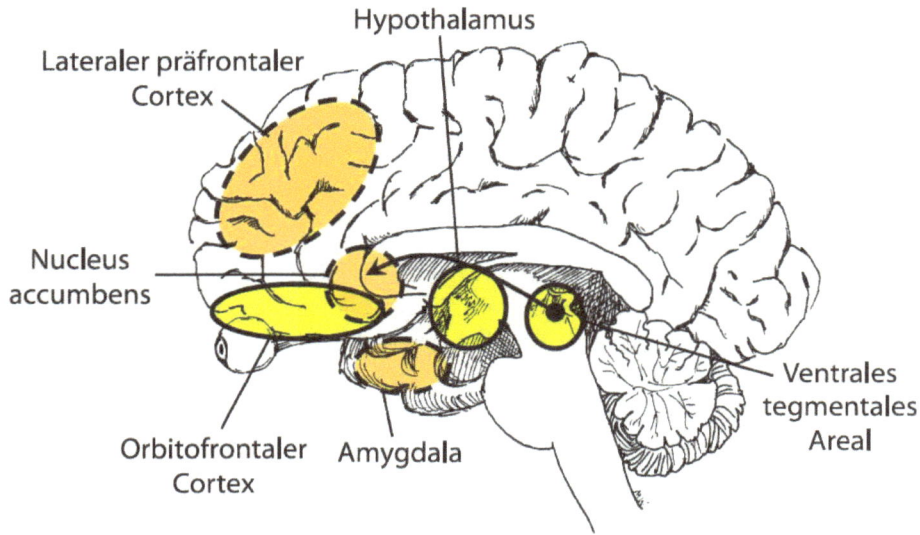

Abbildung 8: Ungefähre Lage der wichtigsten neuronalen Strukturen, die an Motivationsprozessen beteiligt sind[140]

Die Amygdala ist innerhalb des Motivationsprozesses daran beteiligt, Reize mit einer zu erwartenden Belohnung oder Bestrafung zu verknüpfen und diesen Zusammenhang zwischen Reiz und Folge zu speichern. Das bedeutet, ohne die Leistung der Amygdala ist dieser Lerneffekt nur noch eingeschränkt oder gar nicht mehr möglich. Es entsteht selbst bei wiederholter Darbietung eines Reizes und zugehöriger Folge meist keine positive oder negative Erwartung, wodurch das mesolimbische Dopaminsystem nicht aktiv wird und seine motivierende Wirkung somit ausbleibt.[141] Der orbitofrontale Cortex dagegen übernimmt die Bewertung einer Belohnung oder Bestrafung. Wie angenehm oder unangenehm eine Belohnung oder Bestrafung empfunden wird, ist dabei vom aktuellen Bedürfniszustand des Individuums abhängig. Beispielsweise wird die Nahrungsaufnahme bei vorhandenem Hungergefühl wesentlich angenehmer empfunden als in

---

[140] Schultheiss & Wirth 2010, S. 263
[141] Vgl. Klüver & Bucy 1937, S. 352 – 353; Klüver & Bucy 1939, S. 979 - 1000; LeDoux 1996, zit. nach Schultheiss & Wirth 2010, S. 263; Schultheiss & Wirth 2010, S. 263 f.

einem gesättigten Zustand.[142] Der laterale Präfrontalcortex repräsentiert als Lokation im Gehirn Ziele und Pläne für deren konkrete Umsetzung. Durch seine Eigenschaften ist dieser Teil des Cortex in der Lage, motivationale Bedürfnisse zu regulieren. Dies schließt die Hemmung von Motivation oder die Lösung eines Konflikts zwischen konkurrierenden Verhaltenstendenzen mit ein.[143]

Die Beteiligung dieser Hirnstrukturen am Motivationsprozess lässt sich ebenfalls am Beispiel der Nahrungsaufnahme verdeutlichen. Durch erfolgte Nahrungsaufnahmen in der Vergangenheit konnte die Amygdala die Nahrung als Reiz mit der folgenden Belohnung in Form von Zucker verknüpfen. Somit reagiert das mesolimbische Dopaminsystem beim Anblick von Nahrung mit einer Ausschüttung des Neurotransmitters, wodurch das Verlangen nach der Nahrung, also Motivation erzeugt wird. Wird dem Menschen nun eine zweite Portion unter der Bedingung angeboten, mit dem Verzehr der ersten Ration noch zu warten, bis die zusätzliche Nahrung gebracht werden kann, so wird der laterale Präfrontalcortex aktiv. Durch ihn kann das Ziel der zweiten Nahrungsration fokussiert und der Drang beziehungsweise die Motivation, die erste Portion sofort zu essen, unterdrückt werden. Wird die Nahrung schließlich verzehrt, erzeugt das endogene Opioidsystem die Belohnung in Form des angenehmen Gefühls. Besteht zudem ein starkes Hungergefühl, so sorgt der orbitofrontale Cortex dafür, dass die Belohnung als besonders positiv bewertet wird, das bedeutet, die Nahrung schmeckt besonders gut.

3.3.3 Die Bedeutung des Belohnungssystems

Wie bereits in den Ausführungen zum Themenfeld der Motivation erläutert, bezieht sich Motivation auf zielgerichtetes beziehungsweise willkürliches Verhalten, womit Reflexe oder automatisierte Verhaltensweisen ausgenommen sind.[144] Diese Motivation entsteht durch das Belohnungssystem im Gehirn, indem dieses bei der Wahrnehmung eines Reizes ein Verlangen

---

142 Vgl. Rolls 2000, S. 284 – 294; Rolls 2004, S. 11 – 29; Schultheiss & Wirth 2010, S. 270 & 272
143 Vgl. Schultheiss & Wirth 2010, S. 271 f.
144 Vgl. Brandstätter et al. 2013, S. 4; Birbaumer & Schmidt 2006, S. 424

nach Belohnungen in Form von angenehmen Empfindungen erzeugt, die durch das zielgerichtete Verhalten ausgelöst werden.[145] Durch diesen Mechanismus findet eine positive Verstärkung statt. Das bedeutet, das Wiederauftreten der Verhaltensweise wird begünstigt, wodurch eine Stabilisierung der belohnenden Verhaltensweisen resultiert.[146] Dieser Mechanismus ist für den Menschen lebensnotwendig, denn natürlicherweise wird das Belohnungssystem von Reizen aktiviert, die ein lebens- und überlebenswichtiges Verhalten auslösen. Hierzu zählen beispielsweis Essen und Geschlechtsverkehr, aber auch Erfolg oder Schönheit.[147] Das Gehirn ist demnach darauf ausgelegt, wichtige Verhaltensweisen zu stabilisieren. Wäre das mesolimbische Dopaminsystem nicht funktionsfähig, würden zwar durch die Ausführung belohnender Handlungen angenehme Empfindungen entstehen. Doch im Vorfeld bliebe die Entwicklung eines Verlangens nach dieser Belohnung aus. Das bedeutet, der eigene Antrieb, also die Motivation, um die belohnende Verhaltensweise zu zeigen, würde nicht entstehen, wodurch das Verhalten selbst ausbliebe.[148] Obwohl die Evolution die Befriedigung von Bedürfnissen zum unmittelbaren täglichen Überleben eines Individuums, wie Hunger oder Durst, und zum Überleben des eigenen Genoms, wie Fortpflanzung, Bindung und Dominanz, durch die Entwicklung weiterer neuronaler Systeme gesichert hat, wären die negativen Auswirkungen eines nicht funktionsfähigen Belohnungssystems enorm. Das Aufgeben des zielgerichteten Verhaltens und jeglicher Interessen an der eigenen Person und der Umwelt wäre das Resultat.[149]

Das lebensnotwenige Erzeugen von Verlangen durch das Belohnungssystem kann in Form einer Sucht jedoch auch destruktive Ausmaße annehmen.[150] Im Falle einer nicht stoffgebundenen Sucht zentriert sich jegliche

---

[145] Vgl. Birbaumer & Schmidt 2010a, S. 699 ff.; Bear, Connors & Paradiso 2009, S. 587 f.; Berridge & Robinson 1998, S. 309 - 369; Ikemoto & Panksepp 1999, S. 6 – 41; Pecina et al. 2003, S. 9395 - 9402; Kasten 2007, S. 43 f.; Jänig & Birbaumer 2010, S. 228
[146] Vgl. Birbaumer & Schmidt 2006, S. 437; Schröger 2010, S. 115; Jänig & Birbaumer 2010, S. 219
[147] Vgl. Schmitt 2008, S. 76 f.
[148] Vgl. Bear, Connors & Paradiso 2009, S. 587 f.
[149] Vgl. Schultheiss & Wirth 2010, S. 272; Schmitt 2008, S. 77; Elger 2009, S. 99
[150] Vgl. Zilles & Rehkämper 1998, S. 352 f.; Bear, Connors & Paradiso 2009, S. 588; Jänig & Birbaumer 2010, S. 228 ff.; Schandry 2011, S. 425 ff.; Schmitt 2008, S. 77 & 143

Motivation beziehungsweise jegliches Verlangen auf eine Verhaltensweise, die ursprünglich zum natürlichen Leben dazugehörte.[151] Das Suchtpotential der meisten Drogen besteht dagegen in ihrer direkten Wirkung auf das Belohnungssystem und dem davon ausgelösten Verlangen.[152] Außerdem ist das Belohnungssystem neben dem Prozess der Suchtentstehung auch für Lernprozesse relevant.[153] Wie bereits erwähnt, führt der Mechanismus des Systems zur positiven Verstärkung von Verhalten, wodurch eine operante Konditionierung erzielt wird. Nach diesem Prinzip werden viele Verhaltensweisen und besonders willentliche Reaktionen erlernt oder aufrechterhalten.[154] Zudem konnte vor allem in Tierversuchen nachgewiesen werden, dass Dopamin, der vom Belohnungssystem verwendete Neurotransmitter, einen positiven Einfluss auf die sogenannte Langzeitpotenzierung hat, welche als zentraler neuronaler Mechanismus in Bezug auf Lernprozesse angesehen wird.[155] Auf diese Prozesse sowie auf deren Relevanz für die Thematik dieses Buches und damit für den Erfolg der sozialen Medien wird in Kapitel 5 „Neuropsychologische Auswirkungen der sozialen Medien" näher eingegangen.

---

[151] Vgl. Schmitt 2008, S. 141

[152] Vgl. Zilles & Rehkämper 1998, S. 353; Schmitt 2008, S. 143; Jänig & Birbaumer 2010, S. 226 ff.

[153] Vgl. Schröger 2010, S. 115; Spitzer 2002, S. 175 ff.

[154] Vgl. Birbaumer & Schmidt 2010b, S. 204; Spitzer 2002, S. 175 ff.

[155] Vgl. Managò et al. 2009, S. 46 – 52; Gurden, Takita & Jay 2000, S. 1 – 5; Bao, Chan & Merzenich 2001, S. 79 – 83

4   Medien und deren Nutzungsmotive

In der Medienpsychologie lassen sich grundsätzlich zwei verschiedene Forschungsrichtungen unterscheiden. Einerseits wird die Medienwirkung untersucht, die der Fragestellung nachgeht, welchen Einfluss die Medien auf die Menschen haben, und in deren Zusammenhang den Rezipienten lange Zeit eine passive Rolle zugeschrieben wurde. Die Vorstellung des hilflosen Nutzers, welcher der manipulierenden Wirkung der Medien ausgesetzt ist, hat sich jedoch gewandelt. Die Mediennutzungsforschung befasst sich als zweite Forschungsperspektive mit den aktiv handelnden Rezipienten und damit, wie diese mit den Medien umgehen.[156] Dieser perspektivische Wandel zugunsten der Publikumsaktivität wurde in den 1970er Jahren durch den Uses-and-Gratifications Ansatz eingeleitet und als Paradigmenwechsel gefeiert.[157] In Bezug auf das vorangegangene Kapitel soll an dieser Stelle noch einmal verdeutlicht werden, dass jegliches willkürliches Verhalten, also auch die Nutzung der Medien, motiviert ist.[158] Im Rahmen des Uses-and-Gratifications Ansatzes wird deshalb untersucht, welche Bedürfnisse beziehungsweise Motive der Mediennutzung zugrunde liegen.[159] Dabei gilt der Ansatz als besonders gut geeignet zur Erforschung der Nutzung neuer Kommunikationstechnologien, insbesondere der Onlinekommunikation.[160] Somit ist seine Verwendung sinnvoll, um die Nutzung und damit den Erfolg der sozialen Medien eingehender zu betrachten.

Die Relevanz des Uses-and-Gratifications Ansatzes für die sozialen Medien wird im Anschluss an seine detaillierte Erläuterung in diesem Kapitel noch einmal genauer dargelegt. Darauf folgt eine Zusammenfassung des Forschungsstandes zu den Motiven und Gratifikationen der sozialen Medien. Dabei werden sowohl psychologische als auch neurowissenschaftliche Forschungsergebnisse berücksichtigt. Abschließend wird ein Vergleich der Nutzungsmotive bezüglich der sozialen Medien und der klassischen

---

[156] Vgl. Leffelsend, Mauch & Hannover 2004, S. 52
[157] Vgl. Jäckel 2011, S. 90; Altendorfer 2009, S. 186
[158] Vgl. Birbaumer & Schmidt 2006, S. 424
[159] Vgl. Katz, Gurevitch & Haas 1973, S. 164 - 181
[160] Vgl. Jers 2012, S. 88; Ruggiero 2000, S. 3 -37

Massenmedien vorgenommen, um Differenzen der Medienarten und Besonderheiten der Social Media identifizieren zu können.

4.1 Der Uses-and-Gratifications Ansatz

Der Uses-and-Gratifications Ansatz ist, wie bereits angedeutet, ein publikumszentriertes Modell, welches ursprünglich entwickelt wurde, um Massenkommunikationsprozesse zu beschreiben oder zu erklären.[161] Dabei werden einerseits die Bedürfnisse sozialen und psychologischen Ursprungs, die zur Mediennutzung führen, untersucht. Andererseits werden Gratifikationen, also Belohnungen, erforscht, welche die Rezipienten durch die Mediennutzung erhalten und die somit zur Nutzung motivieren.[162] Obwohl Gratifikationsforschung bereits in den 1940er Jahren betrieben wurde, setzte sich der Ansatz mit der Annahme des aktiven Rezipienten erst in der zweiten Hälfte des 19. Jahrhunderts durch. Eine plakative Formulierung der neuen Denkrichtung bietet Elihu Katz, einer der wichtigsten Vertreter des Uses-and-Gratifications Ansatzes, indem er forderte, statt der Fragestellung nachzugehen „Was tun die Medien mit den Menschen?", sollte die Frage „Was tun die Menschen mit den Medien?" untersucht werden.[163]

Die grundlegende Annahme des Ansatzes ist, dass die Menschen die Medien nutzen, um Bedürfnisse zu befriedigen. Anders ausgedrückt, bedeutet das, dass die erwartete Bedürfnisbefriedigung die Menschen zu einem bestimmten Verhalten, zur Mediennutzung, motivieren. Dabei entscheidet sich der Empfänger für ein bestimmtes Medium, von dem er sich die Befriedigung eines spezifischen Bedürfnisses erwartet.[164] Die menschlichen Bedürfnisse und die Mediennutzung stehen also in einem kausalen Zusammenhang, welcher jedoch nicht als Automatismus verstanden werden darf. Der Ansatz geht von einer aktiven Medienselektion aus, sodass der Mensch in der Wirkungskette als vermittelnde Instanz zwischen den Elementen „Bedürfnis" und „Mediennutzung" anzusiedeln ist und damit eine absichts-

---

[161] Vgl. McQuail & Windahl 1993, S. 1 & 132 f.; Katz, Blumler & Gurevitch 1974, S. 19 ff.
[162] Vgl. Katz, Gurevitch & Haas 1973, S. 164 – 181; Katz, Blumler & Gurevitch 1974, S. 19 ff.
[163] Vgl. Katz 1959, S. 2
[164] Vgl. Katz, Blumler & Gurevitch 1974, S. 20 ff.; Rubin 2002, S. 527 f.; Unz 2008, S. 15

volle sowie zielorientierte Entscheidung über die Medienauswahl und Mediennutzung trifft.[165]

Eine weitere Grundannahme des Ansatzes betrifft die Initiierung der Medienzuwendung. Gemäß dem Uses-and-Gratifications Ansatz geht diese von der Rezipienten- und nicht von der Medienseite aus, wie es die Medienwirkungsforschung lange implizierte. Der Nutzer erhält damit eine Schlüsselfunktion, da er sich freiwillig und aktiv ausgewählten Medien aussetzt. Im Rahmen des Ansatzes wird zwar davon ausgegangen, dass die Publikumsaktivität variabel ist. Die Annahme eines gänzlich passiven Rezipienten, der keinen aktiven Einfluss auf die Mediennutzung und damit auch auf die Medienwirkung hat, wird jedoch abgelehnt.[166] Diese Grundannahme ist wesentlich für den bereits erwähnten Perspektivenwechsel hin zum aktiven Empfänger und verdeutlicht, dass die Mediennutzungsforschung die Entstehung des Kontaktes zwischen Rezipient und Medium untersucht, während die Wirkungsforschung diesen Umstand als gegeben voraussetzt.[167]

Die dritte Grundannahme besagt, dass Medien als Mittel der Bedürfnisbefriedigung mit sogenannten funktionalen Alternativen in Konkurrenz stehen. Das bedeutet, den Rezipienten stehen verschiedene mediale oder nichtmediale Quellen zur Verfügung, die sie zur Befriedigung ihrer Bedürfnisse nutzen können.[168] Beispielsweise kann eine Person, die das Bedürfnis nach Unterhaltung hat, da sie sich langweilt, entweder den Fernseher anschalten, zum Telefon greifen oder einen Spaziergang machen. Diese Möglichkeit zur freien Auswahl verdeutlicht noch einmal die zuvor dargelegte Annahme des aktiven Publikums.[169]

In einer vierten Grundannahme wird postuliert, dass sich die Empfänger ihrer Nutzungsmotive ausreichend bewusst sind, oder ihnen wenigstens eine Rekonstruktion derselben möglich ist, um sie artikulieren zu können.

---

[165] Vgl. Schweiger 2007, S. 61; Katz, Blumler & Gurevitch 1974, S. 21; Rubin 2002, S. 527; Schenk 2007, S. 685 ff.
[166] Vgl. Katz, Blumler & Gurevitch 1974, S. 21; Rubin 2002, S. 525 ff.; Schenk 2007, S. 685 ff.; Jers 2012, S. 89; Schweiger 2007, S. 62
[167] Vgl. Schweiger 2007, S. 62
[168] Vgl. Katz, Blumler & Gurevitch 1974, S. 22; Rubin 2002, S. 528; Schenk 2007, S. 685
[169] Vgl. Schweiger 2007, S. 62

Diese Annahme hat besonders für die Forschungspraxis Relevanz und ergibt sich auch aus methodologischer Perspektive. Der Selbstbericht ist die notwendigerweise angewendete Methode, da eine Beobachtung menschlicher Bedürfnisse, Motive oder Gratifikationen nicht möglich ist. Durch das Postulat der bewussten Bedürfnisse wird dieses Vorgehen legitimiert. Insbesondere diese Annahme des Uses-and-Gratifications Ansatz erfuhr viel Kritik.[170]

Abbildung 9 zeigt die Grundstruktur der Zusammenhänge des klassischen Uses-and-Gratifications Ansatzes in einem Schema.

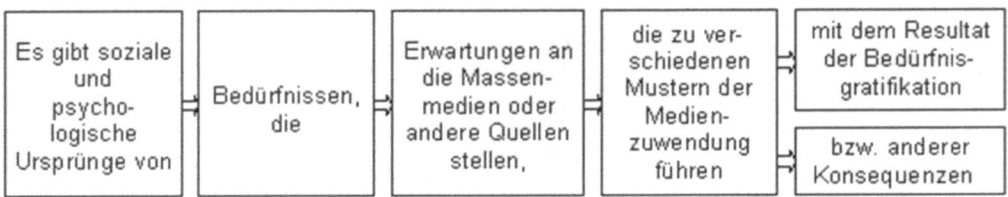

Abbildung 9: Elemente und Grundstruktur des klassischen Uses-and-Gratifications Ansatzes[171]

Mangels einer Auseinandersetzung mit der theoretischen Grundlage von Bedürfnissen beziehungsweise Motiven der Mediennutzung, wurden diese hauptsächlich empirisch erhoben. Während der theoretische Gehalt der entstandenen Gratifikationskataloge kritisch zu betrachten ist, ist der Wert solcher Zusammenstellungen von Gründen, die Rezipienten zur Mediennutzung motivieren, in ihrer Anwendung durch Werbetreibende oder Medienanbieter nicht zu unterschätzen. Die Uses-and-Gratifications Forschung bietet eine Vielzahl von Gratifikationskatalogen, die versuchen, die Gratifikationen der Massenmedien zu inventarisieren. Die dabei am häufigsten aufgeführten Bedürfnisse lassen sich in Anlehnung an Michael Kunczik und Astrid Zipfel in den vier Gruppen der kognitiven, affektiven, integrativen und interaktiven Bedürfnisse klassifizieren.[172] Tabelle 2 stellt die Bedürfnisgruppen genauer dar.

---

[170] Vgl. Katz, Blumler & Gurevitch 1974, S. 22; Schweiger 2007, S. 63
[171] Schenk 2007, S. 686
[172] Vgl. Huber, Meyer & Gluth 2012, S. 35; Schweiger 2007, S. 80; Kunczik & Zipfel 2005, S. 345

Tabelle 2: Klassifizierung von Bedürfnissen, die durch Uses-and-Gratifications Forschung für Massenmedien identifiziert wurden nach Kunczik und Zipfel[173]

Gruppe	Bedürfnisse	Nr.
Kognitive Bedürfnisse	Information	1
	Wissenserweiterung	2
	Orientierung	3
	Umweltkontrolle usw.	4
Affektive Bedürfnisse	Entspannung	5
	Erholung	6
	Ablenkung	7
	Verdrängung von Problemen	8
	Suche nach emotionaler Erregung	9
Integrative Bedürfnisse	Empathie und Identifikation	10
	Bestärkung von Werthaltungen	11
	Selbstfindung	12
	Vermittlung bzw. Bestätigung von Verhaltensmodellen	13
Interaktive Bedürfnisse	Parasoziale Interaktion mit Medienakteuren	14
	Nutzen von Medieninhalten als Gesprächsstoff in der interpersonalen Kommunikation	15

Das Konzept der parasozialen Kommunikation bezieht sich vor allem auf Fernsehangebote. Hierbei besteht die Annahme, dass die Zuschauer den Fernsehakteuren nicht nur beobachtend gegenüberstehen, sondern mit diesen interagieren, beziehungsweise auf diese reagieren. Das Fernsehen vermittelt den Rezipienten die Illusion einer Face-to-Face-Kommunikation,

---

[173] Eigene Darstellung in Anlehnung an Kunczik & Zipfel 2005, S. 345

wodurch der Zuschauer in die Handlungsabläufe und Beziehungsgefüge auf dem Bildschirm integriert wird. Auf Seiten des Nutzers ist die parasoziale Interaktion als eine Art des sozialen Handelns in Bezug auf die Fernsehakteure zu verstehen.[174]

Trotz seiner Etablierung und weiten Verbreitung als Konzept zur Erforschung der Mediennutzung hat der Uses-and-Gratifications Ansatz viel Kritik erfahren, beispielsweise wegen der Annahme, Rezipienten wären sich ihrer Bedürfnisse bewusst und könnten diese artikulieren.[175] Dabei ist zu beachten, dass der Status einer Theorie nicht anerkannt wird, weshalb die Bezeichnung als Ansatz gerechtfertigt ist. Dieser will vielmehr als Denkansatz verstanden werden, der das Potential zur Basis für weiterführende Theorieentwicklungen bietet. Im Rahmen des Uses-and-Gratifications Ansatzes wurden daher Modelle entwickelt, die als Theorie bezeichnet werden können und den angebrachten Kritikpunkten entgegenwirken.[176] Auf zwei wichtige dieser Modelle wird im Folgenden genauer eingegangen.

4.1.1 Das GS/GO-Diskrepanzmodell

Zum einen soll das GS/GO-Diskrepanzmodell vorgestellt werden. Mit diesem wurde der Ansicht Rechnung getragen, dass eine Unterscheidung zwischen einer erwarteten Bedürfnisbefriedigung durch ein Medium, also einem Motiv der Mediennutzung, und zwischen der tatsächlichen Befriedigung eines Rezipientenbedürfnisses, also der Belohnung oder Gratifikation, zweckmäßig ist.[177] Dabei setzte sich die Terminologie nach Greenberg durch, der die „gratifications sought" (gesuchte Gratifikationen, GS) von den „gratifications obtained" (erhaltene Gratifikationen, GO) differenzierte. Darüber hinaus regte Greenberg die Messung der Diskrepanz zwischen gesuchten und erhaltenen Gratifikationen an.[178] Wurde zuvor die Befriedigung der

---

174 Vgl. Gleich 1996, S. 115; Horton & Wohl 1956, S. 215 – 229; Horton & Strauss 1957, S. 579 - 587

175 Vgl. z.B. Merten 1984, S. 66 f.; Schweiger 2007, S. 65 ff.

176 Vgl. Schweiger 2007, S. 65 f.

177 Vgl. Rosengren 1974, S. 269 ff.; Schweiger, 2007, S. 85

178 Vgl. Greenberg 1974, S. 89

Rezipienten durch die Gratifikationen als gegeben angenommen, können durch diese differenziertere Betrachtungsweise und die dadurch mögliche Messung, inwiefern die erhaltenen Gratifikationen die Erwartungen erfüllt haben, positive und negative Ergebnisse in der Suche nach Bedürfnisbefriedigung unterschieden werden. Das bedeutet, es wird die Möglichkeit einer Enttäuschung und einer nicht stattgefundenen Bedürfnisbefriedigung durch die Mediennutzung eingeräumt, wogegen früher grundsätzlich von einer erfolgreichen Befriedigung ausgegangen wurde. Dadurch ist es zudem möglich, die Auswirkungen der unterschiedlichen, positiven oder negativen Ausgangsmöglichkeiten auf das zukünftige Mediennutzungsverhalten separat zu berücksichtigen.[179] Empfänger wählen dabei diejenigen Medien bevorzugt, bei deren Nutzung die erhaltenen Gratifikationen bestmöglich mit den gesuchten Gratifikationen übereinstimmen. Das bedeutet, es werden die Medien gewählt, die die Erwartungen bestmöglich erfüllen.[180] Außerdem ermöglicht der GS/GO-Vergleich die Überprüfung, inwieweit das aktuell vorhandene Medienangebot den Publikumsbedürfnissen entspricht.[181] Gesuchte und erhaltene Gratifikationen lassen sich auch empirisch voneinander unterscheiden und die Differenzierung wird in nahezu jeder Studie zum Uses-and-Gratifications Ansatz als Standard angesehen.[182]

4.1.2 Das Erwartungs-Bewertungs-Modell

Der Erwartungs-Bewertungs-Ansatz nach Philip Palmgreen und J. D. Rayburn II greift die Differenzierung zwischen gesuchten und erhaltenen Gratifikationen aus dem GS/GO-Modell auf und überträgt die in Abschnitt 3.1.2 „Motivation als Funktion aus Erwartung mal Wert" dargelegte Expectancy-Value-Theorie nach Fishbein und Ajzen auf die Mediennutzung.[183] Demnach haben Empfänger gegenüber einem Medium (object) bestimmte Erwartungen (beliefs). Das bedeutet, sie erwarten mit einer subjektiven Wahrscheinlichkeit, dass ein Medium bestimmte Eigenschaften besitzt

---

[179] Vgl. hierzu Aelker 2008, S. 18
[180] Vgl. Greenberg 1974, S. 89
[181] Vgl. Palmgreen & Rayburn 1982, S. 561 - 580; Palmgreen & Rayburn 1985, S. 61 ff.
[182] Vgl. Schweiger 2007, S. 85
[183] Vgl. Palmgreen & Rayburn 1982, S. 561 – 580

oder Konsequenzen nach sich zieht (attributes). Außerdem schreiben die Rezipienten jeder dieser Erwartungen eine Bewertung (evaluation) zu, empfinden also einen gewissen Grad an positivem oder negativem Affekt gegenüber dem jeweiligen Attribut des Mediums. Dabei beeinflusst die Ergebnis-Erwartung die Intensität, mit der ein Attribut bei der Mediennutzung gesucht wird. In anderen Worten ausgedrückt, es besteht eine Korrelation zwischen dem Produkt aus der Erwartung und der Bewertung bezüglich eines Attributes eines Mediums und den gesuchten Gratifikationen. Das bedeutet, je positiver das Produkt aus Erwartung und zugehöriger Bewertung, desto intensiver wird die Eigenschaft gesucht und umgekehrt.[184] Die formale Darstellung des Zusammenhangs zeigt Abbildung 10.

$$b_i \times e_i \approx GS_i$$

Abbildung 10: Korrelation zwischen der Erwartungs-Bewertung als dem Produkt aus der Erwartung b_i und Bewertung e_i bezüglich des Attributes i und der i-ten gesuchten Gratifikation GS_i[185]

Durch eine Summierung der Erwartungs-Bewertungen beziehungsweise der gesuchten Gratifikationen aller Attribute eines Medienangebotes, kann die generelle Nutzungswahrscheinlichkeit gegenüber dem Medienangebot dargestellt werden (siehe Abbildung 11).[186]

$$\sum_{i=1}^{n} b_i \times e_i \approx \sum_{i=1}^{n} GS_i \approx Nutzung$$

Abbildung 11: Korrelation zwischen der Summe der Erwartungs-Bewertungen beziehungsweise gesuchten Gratifikationen GS_i bezüglich aller Attribute eines Medienangebotes und der generellen Nutzungswahrscheinlichkeit, wobei b_i die Erwartung bezüglich des Attributes i, e_i die Bewertung des Attributes i und n die Anzahl der erwarteten Attribute ist[187]

---

[184] Vgl. Palmgreen & Rayburn 1982, S. 561 – 580; Schweiger 2007, S. 87

[185] In Anlehnung an Schweiger 2007. S. 87

[186] Vgl. Palmgreen & Rayburn 1982, S. 561 – 580

[187] Schweiger 2007, S. 87

Dabei ist zu beachten, dass die Autoren Palmgreen und Rayburn aus ihren Forschungsergebnissen im Gegensatz zu anderen Vertretern des Ansatzes[188] schließen, dass zwischen der Erwartungs-Bewertung und der Mediennutzung kein direkter Zusammenhang besteht.[189] Stattdessen wird ein mehrstufiger Prozess angenommen, der in Abbildung 12 dargestellt ist, und dem, nach dem Vorbild von Wolfgang Schweiger, durch den Verzicht auf Gleichheitszeichen in den oben genannten Formeln Rechnung getragen wird.[190]

$$\textit{Erwartung x Bewertung} \;\rightarrow\; \textit{GS} \;\rightarrow\; \textit{Nutzung}$$

Abbildung 12: Indirekter Zusammenhang zwischen Erwartungs-Bewertung und Mediennutzung[191]

Durch die Einführung der Erwartungs- und Bewertungsdimension trägt der Erwartungs-Bewertungs-Ansatz zur Klärung des Gratifikationskonzeptes bei, indem gesuchte Gratifikationen im Zusammenhang mit Medien von menschlichen Bedürfnissen im Allgemeinen abgegrenzt werden. Die Erwartungskomponente ist dabei von entscheidender Bedeutung. Als relevant für die Erklärung des Mediennutzungsverhaltens werden nur die Bedürfnisse erachtet, deren Befriedigung durch Medien potentiell möglich ist, das heißt, von Medien erwartet werden kann. Zudem entsteht durch die Einbindung der Komponenten Erwartung, also der Wahrscheinlichkeit mit der eine Gratifikation erwartet wird, und Bewertung dieser Gratifikationen die Möglichkeit zur Differenzierung von Gratifikationen unterschiedlicher Relevanz. Da Rezipienten meist mehrere konkurrierende Gratifikationen suchen und diese unterschiedlich gewichten, wird die differenzierte Sichtweise des Erwartungs-Bewertungsansatzes dem tatsächlichen Mediennutzungsverhalten eher gerecht.[192]

Im Erwartungs-Bewertungs-Modell ist außerdem eine Feedback-Schleife integriert (siehe Abbildung 13). Dadurch wird eine Berücksichtigung von

---

[188] Vgl. Galloway & Meek 1981, S. 435 - 449
[189] Vgl. Palmgreen & Rayburn 1982, S. 567
[190] Vgl. Schweiger 2007, S. 87
[191] Schweiger 2007, S. 87
[192] Vgl. hierzu Schweiger 2007, S. 88

Erfahrungen und Lernprozessen ermöglicht, die einen bedeutenden Einfluss auf das künftige Verhalten haben. Wegen dieser Relevanz der Erfahrungen ist ein Feedback-Prozess unbedingt notwendig, um das Mediennutzungsverhalten beschreiben, analysieren, erklären und prognostizieren zu können.[193]

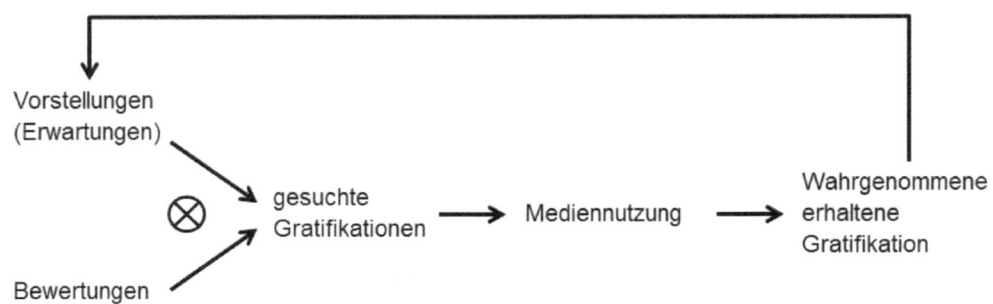

Abbildung 13: Erwartungs-Bewertungs-Modell[194]

Aus dem Modell werden die zuvor erläuterten Zusammenhänge zwischen Erwartungen, Bewertungen, gesuchten Gratifikationen und der Mediennutzung deutlich. Das Produkt aus Erwartungen und Bewertungen beeinflusst die Suche nach Gratifikationen und diese wiederum die Mediennutzung, welche in den erhaltenen Gratifikationen resultiert. Letztere haben Auswirkungen auf die Erwartungen der Rezipienten, jedoch nicht auf die affektiven Bewertungen der erwarteten Attribute des Mediums. Die Bewertungen werden als relativ stabile Elemente angesehen, während die Erwartung durch Erfolge oder Misserfolge bei der Suche nach Belohnungen modifiziert werden kann. Je nachdem, ob ein Bedürfnis durch ein Medium befriedigt worden ist oder nicht, beeinflussen diese erhaltenen Gratifikationen die Wahrscheinlichkeit, mit der der Rezipient das Attribut in Zukunft bei dem jeweiligen Medium erwartet, positiv oder negativ.[195]

---

[193] Vgl. Rayburn & Palmgreen 1984, S. 540; Schweiger 2007, S. 88
[194] in Anlehnung an Palmgreen 1984, S. 56
[195] Vgl. Rayburn & Palmgreen 1984, S. 540

4.2 Relevanz des Uses-and-Gratifications Ansatzes für die sozialen Medien

Wie bereits erwähnt, bezieht sich der Uses-and-Gratifications Ansatz ursprünglich auf Prozesse der massenmedialen Kommunikation.[196] Da das Internet sowie die sozialen Medien im Sinne der Charakterisierung von Maletzke nicht zu den Massenmedien zählen (siehe Abschnitt 2.3 „Merkmalsunterschiede zu klassischen Massenmedien"), ist die Verwendung des Ansatzes für die Erklärung der Nutzung dieser Medien nicht selbstverständlich. Zudem ist grundsätzlich eine einfache Übertragung von Gratifikationskatalogen aus der massenmedialen Tradition auf neue Kommunikationstechnologien kritisch zu sehen.[197] Dennoch gewann der Uses-and-Gratifications Ansatz mit der Entwicklung computer-vermittelter Kommunikation zusätzlich an Bedeutung und fand bereits früh in der Entwicklungsphase des Internets Anwendung zur Analyse der Online-Nutzung.[198] In diesem Zusammenhang soll noch einmal verdeutlicht werden, dass die Popularität des Uses-and-Gratifications Ansatzes auf die Initiierung eines Perspektivenwechsels in der Forschung und der damit verbundenen Fokussierung und Betonung eines aktiven Publikums zurückzuführen ist.[199] Zudem stellt die Möglichkeit zur Interaktivität, wie in Abschnitt 2.3 „Merkmalsunterschiede zu klassischen Massenmedien" erläutert, ein wesentliches Merkmal der sozialen Medien dar, weshalb die Aktivität der Rezipienten auch in Bezug auf die Social Media von besonderer Relevanz ist. Wegen dieser Gemeinsamkeit erscheint der Uses-and-Gratifications Ansatz als prädestiniert für die Erforschung der Nutzung des Web 2.0 beziehungsweise der darin verfügbaren sozialen Medien.[200] Um ein weiteres Argument für die Eignung des Uses-and-Gratifications Ansatzes für die Erklärung der Nutzung sozialer Medien anführen zu können, ist zu beachten, dass in den sozialen Medien grundsätzlich keine vorgefertigten Inhalte zur Bedürfnisbefriedigung konsumiert werden können. Hierfür steht lediglich das Material zur Verfügung, welches von anderen Teilnehmern durch aktive Nutzung

---

[196] Vgl. McQuail & Windahl 1993, S. 1 & 132; Katz, Blumler & Gurevitch 1974, S. 19 ff.

[197] Vgl. Palmgreen 1984, S. 51 - 62

[198] Vgl. Ruggiero 2000, S. 3 – 37; Rafaeli 1986, S. 123 – 136

[199] Vgl. Jäckel 2011, S. 90; Courtois et al. 2009, S. 114

[200] Vgl. Courtois et al. 2009, S. 114

bereitgestellt wurde (User-Generated-Content).[201] Diesem Umstand werden zumindest die Grundzüge der Annahme des aktiven Nutzers, von dem die Initiative zur Mediennutzung ausgeht, gerecht.[202] Trotz dieser Argumente, die für die Verwendung des Uses-and-Gratifications Ansatzes für die Erforschung der Nutzungsmotive der sozialen Medien vorgebracht werden können, ist eine Erweiterung beziehungsweise Anpassung traditioneller Instrumente und Kataloge des Ansatzes unter Umständen dennoch notwendig.[203]

4.3 Forschungsstand zu Motiven und Gratifikationen der Nutzung sozialer Medien

Die Motive und Gratifikationen der Social Media Nutzung waren in den letzten Jahren Gegenstand einiger Studien. Dabei wurde der Forderung einer Adaption des Uses-and-Gratifications Ansatzes jedoch selten nachgekommen. In vielen Studien wurde darüber hinaus auf eine Unterscheidung von gesuchten und erhaltenen Gratifikationen verzichtet, weshalb auch in diesem Abschnitt auf eine Differenzierung verzichtet werden muss.[204] Außerdem wird meist nur eine Art der sozialen Medien, zum Beispiel Social Networks, oder nur eine bestimmte Plattform, zum Beispiel Facebook, untersucht, statt das gesamte Phänomen der sozialen Medien zu erfassen.[205] Weitaus weniger intensiv wurde das Thema in neurowissenschaftlichen Untersuchungen fokussiert.[206] Zudem werden für diese Studien keine medienpsychologischen Konzepte wie der Uses-and-Gratifications Ansatz als theoretischer Bezugsrahmen herangezogen. Dennoch wird in diesem Abschnitt versucht, einen groben Überblick über den Forschungsstand zu den Motiven und Gratifikationen der Social Media Nutzung zu geben. Es werden zunächst zwei Studien vorgestellt, in deren Rahmen eine Anpassung des Uses-and-Gratifications Ansatzes an die Besonderheiten der sozialen Medien vor-

---

[201] Vgl. Münker 2012, S. 47 f.
[202] Vgl. Huber, Meyer & Gluth 2012, S. 37; Höflich 1996, S. 22
[203] Vgl. Ruggiero 2000, S. 3 – 37
[204] Vgl. Jers 2012, S. 95
[205] Vgl. Jers 2012, S. 26 & 110
[206] Vgl. Meshi, Morawetz & Heekeren 2013, S. 439

genommen wurde. Es folgt eine Zusammenfassung der Motive und Gratifikationen, die in weiteren Untersuchungen identifiziert werden konnten. Schließlich werden neuropsychologische Forschungsergebnisse in Bezug auf Motive der Nutzung der sozialen Medien dargelegt.

4.3.1 Adaptionsbeispiele des Uses-and-Gratifications Ansatzes

Als Beispiele für Studien, in denen das Untersuchungsmodell durch eine Anpassung des Uses-and-Gratifications Ansatzes auf die Spezifika der sozialen Medien abgestimmt wurde, ist einerseits die Arbeit von Frank Huber, Frederik Meyer und Oliver Gluth und andererseits die Untersuchung von Cornelia Jers zu nennen.

Huber und Kollegen entwickeln ihr Untersuchungsmodell auf Basis des bereits erläuterten Erwartungs-Bewertungs-Modells und bringen dieses in Verbindung mit der Theorie zur computervermittelten Kommunikation von Joachim Höflich.[207] Im Fokus der Studie steht jedoch ausschließlich der spezielle Fall der Social Networks.[208] Gemäß Höflich ist zwischenmenschliche Kommunikation immer mit Unsicherheiten hinsichtlich der Bedeutung der übermittelten Informationen verbunden. Zur Überwindung dieser Unsicherheit, also für einen erfolgreichen Informationsaustausch, sind daher Kommunikationsregeln notwendig. Dies gilt auch für computervermittelte Kommunikation, welche spezifische Formen der Regeln enthält.[209] Den Prozess der Aushandlung dieser Kommunikationsregeln integrieren Huber und Kollegen als eine zusätzliche, interpersonelle Ebene in das Erwartungs-Bewertungs-Modell. Dabei nehmen die gesuchten Gratifikationen der Nutzer Einfluss auf die Entwicklung der Regeln, wodurch Handlungsoptionen entweder entstehen oder verschwinden können und somit eine Wirkung auf

---

[207] Vgl. Huber, Meyer & Gluth 2012, S. 38 ff.
[208] Vgl. Huber, Meyer & Gluth 2012, S. 4
[209] Vgl. Höflich 1996, S. 30 ff.; Höflich 1998, S. 141 ff.

die erhaltenen Gratifikationen resultiert.[210] Abbildung 14 dient der Veranschaulichung.

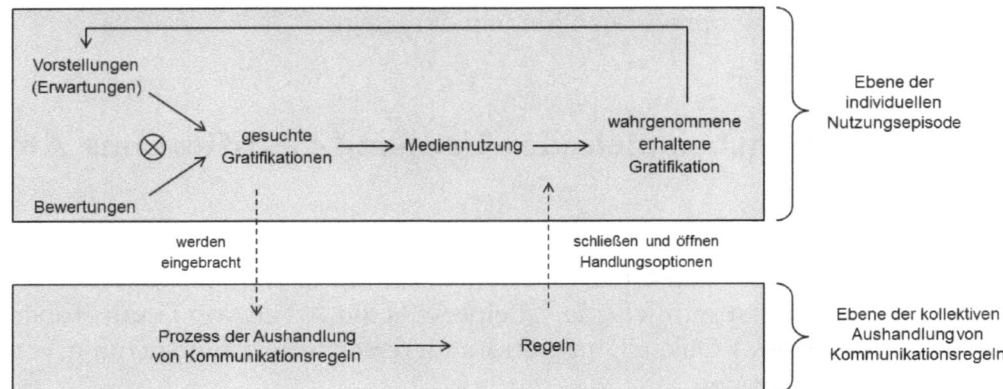

Abbildung 14: Erwartungs-Bewertungs-Modell in Zusammenhang mit computervermittelter Kommunikation[211]

Die Ergebnisse der Studie zeigen, dass das Bedürfnis der Beziehungspflege, also die Pflege bereits bestehender sozialer Verbindungen, den stärksten Einfluss auf die Nutzungsintensität von Social Networks hat. Damit ist dieses Bedürfnis in Bezug auf die Social Networks wichtiger als der Aufbau neuer Kontakte und die Informationssuche. Der Einfluss dieser Bedürfnisse konnte mit einer Irrtumswahrscheinlichkeit von 5% nachgewiesen werden, während dem Gratifikationsmuster des Impressionsmanagements, also die Selbstinszenierung und Kontrolle des eigenen Eindrucks auf andere, keine signifikante Wirkung auf die Nutzungsintensität bestätigt werden konnte.[212]

Im Gegensatz zur bereits vorgestellten Studie von Huber, Meyer und Gluth ist Cornelia Jers in ihrer Arbeit bestrebt das Phänomen der sozialen Medien[213] in seiner Gänze zu erfassen.[214] Ihr Untersuchungsmodell stützt sich auf eine Weiterentwicklung des Uses-and-Gratifications Ansatzes durch

---

[210] Vgl. Huber, Meyer & Gluth 2012, S. 41 ff.
[211] Vgl. in Anlehnung an Huber, Meyer & Gluth 2012, S. 43
[212] Vgl. Huber, Meyer & Gluth 2012, S. 43 ff. & S. 170 ff.
[213] Jers verwendet die Begriffe Web 2.0 und Social Media bzw. soziale Medien synonym vgl. Jers 2012, S. 36
[214] Vgl. Jers 2012, S. 26 & 36

die sozial-kognitive Theorie von Albert Bandura.[215] Dabei besteht die Annahme, dass ein Verhalten nur bei positiver Ergebniserwartung ausgeführt wird, also wenn eine Belohnung erwartet wird.[216] Nach der sozial-kognitiven Theorie können die nötigen Erfahrungen, um eine Ergebniserwartung zu entwickeln, einerseits durch das persönliche Erleben und andererseits durch die Beobachtung von Erfahrungen anderer Personen erlangt werden. In empirischen Studien wurde somit nicht nach erhaltenen und gesuchten Gratifikationen, sondern nach der Ergebniserwartung gefragt, welche aus einem impliziten Vergleich der erst genannten beruht.[217] Auf Basis der Internet-Outcome-Expectation-Skala von Robert LaRose und Matthew S. Eastin[218] entwickelte Jers mithilfe von Gruppendiskussionen eine Skala für Web-2.0-Ergebniserwartungen. Mit dieser wurden zehn Kategorien von Ergebniserwartungen anhand mehrerer Items auf einer Skala von 1 „sehr unwahrscheinlich" bis 5 „sehr wahrscheinlich" gemessen.[219] Die Skala für die Web-2.0-Ergebniserwartung mit den Kategorien beziehungsweise Dimensionen der Ergebniserwartungen sowie den zugehörigen Items beziehungsweise Indikatoren zeigt Tabelle 3.

Tabelle 3: Skala der Web-2.0-Ergebniserwartungen von Jers[220]

Dimension	Indikatoren / Subdimension	Nr.
Aktivitätserwartungen	Spaß haben	1
	Sich unterhalten fühlen	2
	Sich die Zeit vertreiben	3
Neuigkeitserwartungen	Neue Sachen entdecken, nach denen Sie nicht gezielt gesucht haben	4
	Inhalte nutzen, die es sonst nirgendwo gibt	5

[215] Vgl. Jers 2012, S. 110
[216] Vgl. Bandura 1979, S. 100 & 162 ff.
[217] Vgl. LaRose, Mastro & Eastin 2001, S. 395 - 413
[218] Vgl. LaRose & Eastin 2004, S. 358 - 377
[219] Vgl. Jers 2012, S. 104 ff. & S. 205 ff.
[220] In Anlehnung an Jers 2012, S. 250 f.

	Etwas Neues lernen	6
Sozial: Kontaktsuche	Neue Leute kennenlernen	7
	Gleichgesinnte finden	8
	Sich mit anderen Menschen austauschen	9
Sozial: Kontaktpflege	Personen wiederfinden, die Sie von früher kennen	10
	Kontakt zu Personen halten, die Sie kennen	11
Sozial: Unterstützung	Unterstützung von anderen bekommen	12
	Damit anderen helfen können	13
Selbstbezogene Erwartungen	Sich dadurch besser fühlen	14
	Einfach nicht anders können, als es zu nutzen	15
	Das machen, weil es zu Ihrem Alltag dazugehört	16
Statuserwartungen	Von anderen Feedback bekommen	17
	Anderen Feedback geben	18
	Ihre eigene Meinung äußern	19
Monetäre Erwartungen	Damit Geld verdienen	20
	Damit Geld einsparen	21
Idealistische Erwartungen	Das Gefühl haben, etwas zu einer größeren Sache beizutragen	22
	Sich als Teil einer großen Gemeinschaft fühlen	23
Praktische Erwartungen	Es sehr praktisch und bequem finden	24
	Damit Dinge planen und organisieren	25

Als Ergebnis der Studie ist festzuhalten, dass sechs der zehn Ergebniserwartungs-Kategorien einen positiven Einfluss auf die Aktivität einer Person im Web 2.0 beziehungsweise in den sozialen Medien haben. Den stärksten Einfluss verzeichnen statusbezogene Ergebniserwartungen und solche im Bereich der Kontaktsuche. Es folgen selbstbezogene und soziale Ergebniserwartungen der Kontaktpflege und Unterstützung. Außerdem können idealistische Ergebniserwartungen einen signifikanten Einfluss auf die Nutzungsaktivität verzeichnen.[221] Demnach wurden auch in dieser Studie soziale Bedürfnisse als Motivatoren für die Nutzung der sozialen Medien identifiziert, wobei im Gegensatz zur Studie von Huber und Kollegen der Kontaktsuche ein stärkerer Einfluss als der Kontaktpflege zugerechnet wird. Eine deutliche Diskrepanz der Studien zeigt sich in Bezug auf die statusbezogenen Ergebniserwartungen, die mit dem Gratifikationsmuster des Impressionsmanagements vergleichbar sind. Während Huber und Kollegen keinen Einfluss auf die Nutzungsaktivität feststellen konnten, nehmen statusbezogene Ergebniserwartungen in der Studie von Jers eine besondere Rolle ein.

4.3.2 Zusammenfassung identifizierter Motive und Gratifikationen

Wie bereits angedeutet, sind die Forschungsansätze zur Aufdeckung der Nutzungsmotive der sozialen Medien heterogen (siehe Abschnitt 4.3 „Forschungsstand zu Motiven und Gratifikationen der Nutzung sozialer Medien"). Ebenso weisen die identifizierten Motive und Gratifikationen eine große Vielfalt auf. Um eine Systematisierung der einzelnen Motive und Gratifikationen zu erzielen, orientiert sich dieses Buch an den zuvor dargestellten Kategorien der Ergebniserwartungen nach Jers[222] sowie den Anreizkategorien der Internet-Outcome-Expectation-Skala von LaRose und Eastin[223].

---

[221] Vgl. Jers 2012, S. 317
[222] Vgl. Jers 2012, S. 249
[223] Vgl. LaRose & Eastin 2004, S. 358 - 377

In verschiedenen Studien, in denen der Uses-and-Gratifications Ansatz als theoretischer Bezugsrahmen gewählt wurde, konnte die Relevanz der sogenannten Aktivitätsanreize für die sozialen Medien nachgewiesen werden. Demnach sind Spaß und vor allem Unterhaltung Motive beziehungsweise Gratifikationen, die Rezipienten zur Nutzung der sozialen Medien veranlassen.[224] Das Unterhaltungsmotiv ist besonders hervorzuheben in Bezug auf Videoportalen (Social Sharing) und Social Networks,[225] ist jedoch zudem für Blogs relevant.[226] Spaß und Freude an der Tätigkeit selbst stellen ebenfalls für Videoportale und vor allem für Wikis Anreize zur Nutzung dar.[227] Einige weitere Studien, die zwar nicht auf dem Uses-and-Gratifications Ansatz basieren, sich aber dennoch mit Nutzungsmotiven der sozialen Medien befassen, bekräftigen diese Erkenntnisse[228] und identifizieren das Motiv der Freude an der Tätigkeit auch für Blogs und Bilderplattformen (Social Sharing).[229]

Des Weiteren wurden verschiedene Motive, die der Kategorie der Neuigkeitsanreize zugeordnet werden können, identifiziert. Hierbei ist vor allem die Informationssuche mittels der sozialen Medien zu nennen.[230] Eine besondere Bedeutung hat dieses Motiv als primärer Anreiz für die konsumierende Nutzung von Wikis.[231] Studien konnten auf Basis des Uses-and-Gratifications Ansatzes die Relevanz der Informationssuche als Nutzungsmotiv auch in Zusammenhang mit Blogs und Social Networks feststellen. In Letzteren liegt der Schwerpunkt der Suche dabei auf personenbezogenen

---

[224] Vgl. Whiting & Williams 2013, S. 364 ff.; Shao 2009, S. 7 – 25; Leung 2009, S. 1327 – 1347
[225] Vgl. Haridakis & Hanson 2009, S.317 – 335; Chen, Understanding Content Consumers and Content Creators in the Web 2.0 Era: A Case Study of YouTube Users, Abruf: 23.11.2014; Jones, The Me in Media: A functionalist approach to examining motives to produce within the public space of YouTube, Abruf: 23.11.2014; Smock et al. 2011, S. 2324 ff.; Ancu & Cozma 2009, S. 567 – 583; Park, Kee & Valenzuela 2009, S. 729 – 733
[226] Vgl. Kaye 2005, S. 73 – 95
[227] Vgl. Jones, The Me in Media: A functionalist approach to examining motives to produce within the public space of YouTube, Abruf: 23.11.2014; Rafaeli, Hayat & Ariel 2009, S. 57 ff.
[228] Vgl. Boyd 2007, S. 127 ff.; Nov 2007, S. 60 – 64
[229] Vgl. Trammell & Keshelashvili 2005, S. 968 – 982; Schmidt & Wilbers 2006, S. 11 f.; Nov, Naaman & Ye 2010, S. 555 - 566
[230] Vgl. Whiting & Williams 2013, S. 364 ff.; Shao 2009, S. 7 – 25
[231] Vgl. Bryant, Forte & Bruckman 2005, S. 1 -10; Lim 2009, S. 2189 – 2202

Informationen und Veranstaltungen im näheren Umfeld.[232] Zudem wurde auf diese Weise gezeigt, dass der Wunsch etwas zu lernen, sich intellektuell weiterzuentwickeln oder seine Kreativität auszuleben, die Nutzung von Videoportalen und Wikis begünstigt.[233] Erstere können das Lernbedürfnis der Rezipienten beispielsweise durch die spezielle Form eines Tutorials befriedigen.[234] Darüber hinaus konnten in weiteren Untersuchungen ohne Bezug zum Uses-and-Gratifications Ansatz diese Motive für Blogs, Wikis und Bilderplattformen als relevant bestimmt werden.[235]

Eine Vielzahl von Motiven, die zur Kategorie der sozialen Anreize gehören, wurde in verschiedenen Uses-and-Gratifications Untersuchungen als besonders relevant erfasst. Soziale Interaktion und Meinungsaustausch wurden dabei als anwendungsübergreifende[236] zentrale Gratifikationen und im Speziellen für Social Networks, Blogs und Videoplattformen identifiziert.[237] Andere Personen zu beobachten, Kontaktsuche und –pflege sowie das Generieren von Gesprächsstoff sind ebenfalls Motive, die für die Nutzung sozialer Medien im Allgemeinen relevant sind.[238] Während Blogs und Videoplattformen eher dazu genutzt werden, andere Personen zu

---

[232] Vgl. Kaye 2005, S. 73 – 95; Ancu & Cozma 2009, S. 567 – 583; Park, Kee & Valenzuela 2009, S. 729 – 733; Joinson 2008, S. 1027 – 1036; Bumgarner, You have been poked: Exploring the uses and gratifications of Facebook among emerging adults, Abruf: 21.11.2014; Huber, Meyer & Gluth 2012, S. 43 ff. & S. 170 ff.

[233] Vgl. Chen, Understanding Content Consumers and Content Creators in the Web 2.0 Era: A Case Study of YouTube Users, Abruf: 18.11.2014; Jones, The Me in Media: A functionalist approach to examining motives to produce within the public space of YouTube, Abruf: 23.11.2014; Rafaeli, Hayat & Ariel 2009, S. 57 ff.

[234] Vgl. Jers 2012, S. 112

[235] Vgl. Nardi et al. 2004, S. 41 – 46; Nardi, Schiano & Gumbrecht 2004, S. 222 – 231; Ekdale et al. 2010, S. 217 – 234; Nov 2007, S. 60 – 64; Oreg & Nov 2008, S. 2055 – 2073; Ciffolilli, Phantom authority, self-selective recruitment and retention of members in virtual communities: The case of Wikipedia, Abruf: 24.11.2014; Miller & Edwards 2007, o.S.; Nov, Naaman & Ye 2010, S. 555 - 566

[236] Vgl. Whiting & Williams 2013, S. 364 ff.; Shao 2009, S. 7 – 25; Leung 2009, S. 1327 – 1347

[237] Vgl. Ancu & Cozma 2009, S. 567 – 583; Park, Kee & Valenzuela 2009, S. 729 – 733; Kaye 2005, S. 73 – 95; Haridakis & Hanson 2009, S.317 – 335; Jones, The Me in Media: A functionalist approach to examining motives to produce within the public space of YouTube, Abruf: 23.11.2014

[238] Vgl. Whiting & Williams 2013, S. 364 ff.; Jers 2012, S. 317

beobachten und vielfältige Meinungen zu erfahren[239], steht in den Social Networks die Kontaktpflege und –suche im Vordergrund[240]. Daneben ist für Letztere die soziale Integration als Motiv festgestellt worden.[241] Für Wikis ist das Gefühl etwas zu einer Gemeinschaft beizutragen relevant.[242] Darüber hinaus kann durch anderweitige Studien auch die soziale Interaktion für Bilderplattformen[243] und die soziale Integration für Wikis und Bilderplattformen als Motiv festgehalten werden[244]. Außerdem zählt der Wunsch etwas zu einer Gemeinschaft beizutragen auch zu den Nutzungsmotiven der Wikis und Blogs.[245]

Nutzungsmotive, die unter der Kategorie der selbstbezogenen Anreize zusammengefasst werden können, werden in Studien auf Basis des Uses-and-Gratifications Ansatzes in Form von Zeitvertreib und Entspannung allgemein für die sozialen Medien[246] und für Blogs, Social Networks und Videoplattformen zudem in Form von Zerstreuung festgestellt.[247] Orientierung, im Sinne eines Abgleichs von Werten, spielt als Anreiz für die Nutzung von Social Networks eine Rolle.[248] Weitere Untersuchungen, die

---

[239] Vgl. Kaye 2005, S. 73 – 95; Jones, The Me in Media: A functionalist approach to examining motives to produce within the public space of YouTube, Abruf: 23.11.2014

[240] Vgl. Joinson 2008, S. 1027 – 1036; Raacke & Bonds-Raacke 2008, S. 169 – 174; Urista, Dong & Day 2009, S. 215 – 229; Huber, Meyer & Gluth 2012, S. 43 ff. & S. 170 ff.

[241] Vgl. Park, Kee & Valenzuela 2009, S. 729 – 733; Bumgarner, You have been poked: Exploring the uses and gratifications of Facebook among emerging adults, Abruf: 21.11.2014; Nadkarni & Hofmann 2012, S. 243 - 249

[242] Vgl. Rafaeli, Hayat & Ariel 2009, S. 57 ff.

[243] Vgl. Ames & Naaman 2007, S. 971 – 980

[244] Vgl. Zhang & Zhu 2006, o. S.; Ciffolilli, Phantom authority, self-selective recruitment and retention of members in virtual communities: The case of Wikipedia, Abruf: 24.11.2014; Nov, Naaman & Ye 2010, S. 555 - 566

[245] Vgl. Bryant, Forte & Bruckman 2005, S. 1 -10; Nardi, Schiano & Gumbrecht 2004, S. 222 – 231

[246] Vgl. Whiting & Williams 2013, S. 364 ff.; Leung 2009, S. 1327 – 1347

[247] Kaye 2005, S. 73 – 95; Papacharissi & Mendelson 2011, S. 221; Jones, The Me in Media: A functionalist approach to examining motives to produce within the public space of YouTube, Abruf: 23.11.2014

[248] Vgl. Ancu & Cozma 2009, S. 567 – 583

nicht in Zusammenhang mit diesem Ansatz stehen, zeigen den Abbau emotionaler Spannungen als Gratifikation des Bloggens auf.[249]

Statusanreize sind für die sozialen Medien im Allgemeinen von großer Bedeutung. Beispielsweise wird durch Identitäts- und Impressionsmanagement die Absicht verfolgt, ein konkretes Bild der eigenen Person zu präsentieren und die eigene Identität durch ihre Darstellung weiterzuentwickeln.[250] Daneben konnte das Selbstdarstellungsmotiv sowie das Bedürfnis, die eigenen Gedanken und Meinungen auszudrücken, für soziale Medien im Allgemeinen als relevant erfasst werden.[251] Diese Motive sowie der Wunsch, Reputation zu erlangen, stehen außerdem insbesondere mit Social Networks in Zusammenhang.[252] Mit Forschungsansätzen ohne diesen theoretischen Bezug konnte die Relevanz der Möglichkeit, seine eigene Meinung oder Gefühle auszudrücken, aber auch zu informieren und Wissen zu vermitteln, für Blogger und Nutzer von Videoplattformen sowie für Social Media generell nachgewiesen werden.[253] Darüber hinaus sehen Blogger die Beeinflussung anderer als Gratifikation.[254] Für Wikis ist dagegen das Erlangen von Reputation als Nutzungsmotiv erkannt worden.[255]

Neben diesen sehr intensiv untersuchten Anreizkategorien, bildet Jers drei weitere Gruppen von Motiven. Hierzu zählen monetäre Anreize. Das Ziel, Geld zu verdienen, wurde in Studien lediglich für Blogs identifiziert.[256] Zudem konnten idealistische Anreize wie der Glaube an die Idee und die

---

[249] Vgl. Nardi et al. 2004, S. 41 – 46; Nardi, Schiano & Gumbrecht 2004, S. 222 – 231; Ekdale et al. 2010, S. 217 – 234; Schmidt & Wilbers 2006, S. 11 f.

[250] Vgl. Leung 2009, S. 1327 – 1347

[251] Vgl. Whiting & Williams 2013, S. 364 ff.; Jers 2012, S. 317

[252] Vgl. Park, Kee & Valenzuela 2009, S. 729 – 733; Urista, Dong & Day 2009, S. 215 – 229; Bumgarner, You have been poked: Exploring the uses and gratifications of Facebook among emerging adults, Abruf: 21.11.2014

[253] Vgl. Liu, Liao & Zeng 2007, S 232 – 237; Schmidt & Wilbers 2006, S. 11 f.; Trammell & Keshelashvili 2005, S. 968 – 982; Whiting & Williams 2013, S. 364 ff.

[254] Vgl. Nardi et al. 2004, S. 41 – 46; Nardi, Schiano & Gumbrecht 2004, S. 222 – 231; Ekdale et al. 2010, S. 217 – 234

[255] Vgl. Ciffolilli, Phantom authority, self-selective recruitment and retention of members in virtual communities: The case of Wikipedia, Abruf: 24.11.2014; Zhang & Zhu 2006, o. S.; Oreg & Nov 2008, S. 2055 – 2073

[256] Vgl. Trammell & Keshelashvili 2005, S. 968 – 982; Jung, Youn & McClung 2007, S. 24 – 31; Stöckl, Rohrmeier & Hess 2008, S. 279

Ideale der Anwendung für Wikis und Bilderplattformen erfasst werden.[257] Außerdem wurden für Wikis altruistische Motive festgestellt, deren Relevanz jedoch bezweifelt wird. Dabei besteht die Annahme, dass den altruistischen Absichten tatsächlich der Wunsch nach Prestige oder Ähnliches zugrunde liegt.[258] Schließlich führt Jers die Kategorie der praktischen Anreize als eine Art „Meta-Gratifikation" auf, da diese nicht als zu befriedigendes Bedürfnis durch die sozialen Medien sondern als Katalysator für deren Nutzung angesehen wird. Wegen ihrer spezifischen Eigenschaften scheinen die sozialen Medien den Rezipienten praktische Vorteile in Verbindung mit der Befriedigung bestimmter Bedürfnisse zu bieten und sich daher für diese besonders gut zu eignen.[259] Dies konnte bereits in einer Uses-and-Gratifications Studie in Bezug auf die sozialen Medien im Allgemeinen gezeigt werden.[260] Außerdem wurde diese Art von Motiven in Zusammenhang mit Blogs und Bilderplattformen untersucht. Blogs werden aus Bequemlichkeit anderen Medien vorgezogen.[261] Außerdem stellen die Möglichkeiten zur Archivierung, Dokumentation und Organisation von Daten und Projekten einen Anreiz zur Nutzung von Bilderplattformen und Blogs dar.[262]

In Tabelle 4 findet sich eine anschauliche Auflistung der identifizierten Motive und Gratifikationen der sozialen Medien.

Tabelle 4: Zusammenfassung der identifizierten Motive / Gratifikationen für die sozialen Medien[263]

Anreizkategorie	Motiv / Gratifikation	Nr.
Aktivitätsanreize	Unterhaltung	1

[257] Vgl. Nov 2007, S. 60 – 64; Schroer & Hertel 2009, S. 96 – 120; Bryant, Forte & Bruckman 2005, S. 1 -10; Nov, Naaman & Ye 2010, S. 555 – 566

[258] Vgl. Rafaeli, Hayat & Ariel 2009, S. 57 ff.; Oreg & Nov 2008, S. 2055 – 2073; Prasarnphanich & Wagner 2009, S. 33 – 41

[259] Vgl. Jers 2012, S. 114

[260] Vgl. Whiting & Williams 2013, S. 364 ff.

[261] Vgl. Kaye 2005, S. 73 – 95

[262] Vgl. Ames & Naaman 2007, S. 971 – 980; Miller & Edwards 2007, o.S.; Schmidt & Wilbers 2006, S. 11 f.; Nardi, Schiano & Gumbrecht 2004, S. 222 – 231; Stöckl, Rohrmeier & Hess 2008, S. 279

[263] Eigene Darstellung in Anlehnung an Jers 2012, S. 250 f.; LaRose & Eastin 2004, S. 358 - 377

	Spaß & Freude an der Tätigkeit selbst	2
Neuigkeitsanreize	Informationssuche; Informationen über Bekannte und Veranstaltungen in näherer Umgebung	3
	Intellektuelle Herausforderung, Lernen	4
	Ausleben der Kreativität	5
Soziale Anreize	Soziale Interaktion	6
	Meinungsaustausch	7
	Soziale Beobachtung, vielfältige Meinungen erfahren	8
	Generieren von Gesprächsstoff	9
	Kontaktpflege	10
	Kontaktsuche	11
	Soziale Integration	12
	Etwas zu einer Gemeinschaft beitragen	13
Selbstbezogene Anreize	Zeitvertreib	14
	Entspannung; Abbau emotionaler Spannungen	15
	Zerstreuung	16
	Orientierung (Werteabgleich)	17
Statusanreize	Identitäts- und Impressionsmanagement	18
	Selbstdarstellung	19
	Gefühle und Meinung ausdrücken	20
	Reputation	21
	Wissen vermitteln, andere informieren	22

	Einfluss haben	23
Monetäre Anreize	Geld verdienen	24
Idealistische Anreize	Ideologie, Ideale	25
	Altruismus	26
Praktische Anreize	Bequemlichkeit, Praktikabilität	27
	Organisation, Dokumentation, Archivierung	28

4.3.3 Neurowissenschaftliche Forschungsergebnisse

In den Neurowissenschaften wurde in der Vergangenheit, wie bereits erwähnt, die Nutzung der sozialen Medien kaum untersucht.[264] Eine Studie von Diana I. Tamir und Jason P. Mitchell erweist sich in diesem Zusammenhang als wertvoll. Nachdem in verschiedenen vorangegangen Untersuchungen der menschlichen Konversation festgestellt wurde, dass in 30-40% der Redebeiträge und in 80% der Posts in den sozialen Medien ausschließlich die eigenen persönlichen Erfahrungen mitgeteilt werden,[265] beschäftigen sich Tamir und Mitchell in ihrer Arbeit mit der Frage, was den Menschen dazu antreibt, seine Gedanken, Gefühle und Meinungen zu kommunizieren, also sich selbst zu offenbaren.[266] Da bereits bei Kindern im Alter von neun Monaten eine frühe Form der Selbstoffenbarung festgestellt werden kann und der Drang dazu auch bei Erwachsenen kulturübergreifend zu finden ist, existiert die Vermutung, dass die menschliche Spezies hierfür eine angeborene Motivation besitzt.[267] Auf dieser Grundlage formulieren Tamir und Mitchell ihre Hypothese, dass Möglichkeiten zur Mitteilung des eigenen Gedankenguts als intensiv belohnend erlebt werden. Entscheidend für diesen Prozess ist das bereits erläuterte neuronale Belohnungssystem. Um diese Hypothese zu stützen, führten Tamir und Mitchell fünf Tests mit einer Kombination aus

---

[264] Vgl. Meshi, Morawetz & Heekeren 2013, S. 439
[265] Vgl. Dunbar, Marriott & Duncan 1997, S. 231 – 246; Emler 1990, S. 171 – 193; Emler 1994, S. 131; Landis & Burtt 1924, S. 81 – 89; Naaman, Boase & Lai 2010, S. 189 - 192
[266] Vgl Tamir & Mitchell 2012, S. 8038 - 8043
[267] Vgl. Tomasello 2002, S. 78 f.; Csibra & Gergely 2011, S. 1149 - 1157

bildgebenden Verfahren und kognitiven Methoden durch.[268] Durch die ersten drei Untersuchungen konnte die Annahme einer intrinsisch belohnenden Wirkung gefestigt werden. In den Studien 1a und 1b hatten die Teilnehmer die Wahl zwischen Fragen, durch die sie ihre eigene Meinung beziehungsweise ihre Persönlichkeitsmerkmale darlegen konnten, oder Fragen, durch die sie die Meinung beziehungsweise die Persönlichkeitsmerkmale anderer einschätzen sollten. Mithilfe der funktionellen Magnetresonanztomographie (fMRT) als bildgebendes Verfahren wurde im Falle der selbstbezogenen Fragen eine höhere Aktivität des Belohnungssystems, konkret im Nucleus accumbens beziehungsweise im Nucleus accumbens und im ventralen tegmentalen Areal, festgestellt. Durch Studie 2 konnte der verhaltensbezogene Beweis erbracht werden. Die Teilnehmer zogen nicht nur unter gleichen Bedingungen mehrheitlich die selbstbezogenen Fragen denen über andere Personen oder Sachfragen vor. Darüber hinaus waren sie bereit, einen kleinen finanziellen Nachteil (0,63 $) zu akzeptieren, um die favorisierten Fragen zur eigenen Person beantworten zu können.[269] Die Studien 3 und 4 sollten zudem die Relevanz der Mitteilungsempfänger bestätigen. Nach den Studien 1 und 2 wäre es ebenso möglich, dass introspektive Gedanken eine belohnende Wirkung nach sich ziehen und das Teilen dieser Gedanken mit anderen nicht relevant ist. Somit hatten die Teilnehmer in Studie 3 und 4 neben der Wahl zwischen selbstbezogenen und fremdbezogenen Fragen zusätzlich zu entscheiden, ob sie ihre Antwort mit anderen Personen teilen möchten. Als Ergebnis der Studie 3 wurde eine erhöhte Aktivität im Nucleus accumbens und im ventralen tegmentalen Areal sowohl bei selbstbezogenen Fragen als auch bei geteilten Antworten dokumentiert. In Studie 4 zeigte sich eine Präferenz der Teilnehmer gegenüber selbstbezogenen und geteilten Antworten. Diese Möglichkeit wurde vor den fremdbezogenen geteilten und den selbstbezogenen privaten Antworten am häufigsten gewählt. Darüber hinaus konnte die Akzeptanz eines größeren finanziellen Nachteils (0,97 $) als in Studie 2 für die Möglichkeit einer zusätzlich geteilten selbstbezogenen Information nachgewiesen werden.[270] Damit wurde die Hypothese bestätigt. Die Selbstoffenbarung, die Mitteilung der eigenen Gedanken und

---

[268] Vgl. Tamir & Mitchell 2012, S. 8038
[269] Vgl. hierzu Tamir & Mitchell 2012, S. 8038 f.
[270] Vgl. hierzu Tamir & Mitchell 2012, S. 8040 f.

Meinungen, aktiviert das neuronale Belohnungssystem und zieht somit eine belohnende Wirkung nach sich.[271] Die sozialen Medien bieten die Möglichkeit zur Befriedigung des Selbstoffenbarungsbedürfnisses und werden, wie bereits erläutert, in hohem Maße dazu genutzt. Zudem konnte das Teilen von Informationen über die eigene Person beziehungsweise die Selbstdarstellung sowie der Wunsch, die eigenen Gefühle und Meinungen auszudrücken, bereits in psychologischen Studien als Nutzungsmotive der sozialen Medien identifiziert werden (siehe Abschnitt 4.3.2 „Zusammenfassung identifizierter Motive und Gratifikationen"). Durch die Arbeit von Tamir und Mitchell können diese Motive auch aus neurowissenschaftlicher Sicht bestätigt werden.[272]

Weitere neurowissenschaftliche Studien sind weniger konkret. Maurizio Mauri und Kollegen leiten von der intensiven Nutzung der sozialen Medien lediglich ab, dass mit ihr irgendeine Art der positiven Erfahrung einhergehen müsse. Sie vergleichen die körperliche Reaktion von Studienteilnehmern während des Betrachtens verschiedener Bilder, die eine beruhigende oder stresserzeugende Wirkung haben. Als dritte Alternative wird der persönliche Facebook Account des Teilnehmers gezeigt. Dabei wurden deutliche Unterschiede festgestellt. Zudem konnte gezeigt werden, dass die Nutzung von Facebook einen sehr positiven und von starker Erregung gezeichneten psychophysiologischen Zustand hervorrufen kann, welcher in Zusammenhang mit dem Erfolg der Social Networks stehen könnte.[273] Dar Meshi, Carmen Morawetz und Hauke R. Heekeren identifizierten keine Motive für die Nutzung der sozialen Medien. Sie untersuchten die Annahme, dass eine Beziehung zwischen der individuellen Art und Weise, wie eine Steigerung des Ansehens im Gehirn verarbeitet wird, und der Nutzungsintensität von Facebook besteht. Facebook wurde für die Untersuchung der Auswirkungen unterschiedlicher Verarbeitungsweisen von Ansehenssteigerung ausgewählt, da sich die sozialen Medien zur Reputationspflege eignen. Da außerdem die meisten der Interaktionen in den sozialen Medien zumindest im

---

[271] Vgl. Tamir & Mitchell 2012, S. 8038 - 8043
[272] Vgl. Tamir & Mitchell 2012, S. 8038 – 8043; Green et al., Facebook, Twitter and other Social media are "brain candy", Abruf: 20.11.2014; Netburn, Facebook, Twitter, other social media are brain candy, study says, Abruf: 20.11.2014
[273] Vgl. hierzu Mauri et al. 2011, S. 723 - 731

Rahmen des Freundeskreises öffentlich sind, hat die Nutzung von Social Media grundsätzlich Einfluss auf den Ruf eines Menschen.[274] Als Ergebnis der Studie ist festzuhalten, dass die Verarbeitung von Ansehenssteigerungen im linken Nucleus accumbens die Intensität der Facebook Nutzung prognostiziert. Der Nucleus accumbens muss dabei auf positives soziales Feedback reagieren, das in Relation zu Ansehenssteigerungen anderer gestellt werden kann.[275] Weitere Studien beschäftigen sich lediglich mit dem Zusammenhang zwischen der Beschaffenheit von Hirnstrukturen und der Größe des sozialen Netzwerkes einer Person.[276] Dabei konnte eine Korrelation zwischen der Anzahl der Facebook Freunde und der Dichte der grauen Substanz, also die Dichte der Neuronen und Gliazellen, in der rechten und linken Amygdala sowie im Temporalcortex festgestellt werden.[277]

4.4 Vergleich der Nutzungsmotive für soziale und Massenmedien

Bereits auf den ersten Blick fallen enorme Unterschiede zwischen den identifizierten Gratifikationen beziehungsweise Nutzungsmotiven für die klassischen Massenmedien und für die sozialen Medien auf. Durch eine eingehendere Analyse können jedoch auch Gemeinsamkeiten erkannt werden.

So ist die Kategorie der Neuigkeitsanreize zur Nutzung der sozialen Medien in etwa mit der Gruppe der kognitiven Bedürfnisse, die durch die Massenmedien befriedigt werden können, zu vergleichen (siehe Abbildung 15). Hierbei geht es auf beiden Seiten grundsätzlich um Informationen, die zu unterschiedlichen Zwecken genutzt werden. Auffällig ist vor allem die Gemeinsamkeit im Aspekt des Lernens, auf der Seite der Massenmedien als Wissenserweiterung bezeichnet, der für beide Medienarten von Bedeutung

---

[274] Vgl. Meshi, Morawetz & Heekeren 2013, S. 439; Tennie 2010, S. 482 - 488

[275] Vgl. Meshi, Morawetz & Heekeren 2013, S. 439

[276] Vgl. Bickart 2010, S. 163; Bickart 2012, S. 14729 – 14741; Kanai et al. 2012, S. 1327- 1334; Von Der Heide, Vyas & Olson, The social network-network: size is predicted by brain structure and function in the amygdala and paralimbic regions, Abruf: 21.11.2014

[277] Kanai et al. 2012, S. 1327- 1334; Von Der Heide, Vyas & Olson, The social network-network: size is predicted by brain structure and function in the amygdala and paralimbic regions, Abruf: 21.11.2014; Güntürkün 2012, S. 88 f.

ist. Als zusätzliches Nutzungsmotiv der sozialen Medien ist das Ausleben der eigenen Kreativität zu finden. Hierfür sind die besonderen Möglichkeiten zur Partizipation und Interaktion, die diese Medien bieten, notwendig.

Informationssuche; Informationen über Bekannte und Veranstaltungen in näherer Umgebung	Neuigkeits-anreize	Kognitive Bedürfnisse	Information
			Wissenserweiterung
Intellektuelle Herausforderung, Lernen			Orientierung
Ausleben der Kreativität			Umweltkontrolle usw.

Abbildung 15: Vergleich der Neuigkeitsanreize der sozialen Medien (links) mit den kognitiven Bedürfnissen, die von den Massenmedien befriedigt werden können (rechts)[278]

Des Weiteren findet sich eine weitgehende Übereinstimmung der selbstbezogenen Anreize und der affektiven Bedürfnisse (siehe Abbildung 16). Während die Entspannung in Bezug auf beide Medienarten explizit genannt wird, entsprechen der Abbau emotionaler Spannungen sowie die Zerstreuung in Zusammenhang mit den sozialen Medien in etwa den Bedürfnissen nach Erholung, Ablenkung und im weiteren Sinne auch dem nach der Verdrängung von Problemen. Da das Motiv der Orientierung auf Seiten der Massenmedien bereits im Rahmen der kognitiven Bedürfnisse aufgeführt wurde, ist der Zeitvertreib die einzige zusätzliche Gratifikation der sozialen Medien.

Zeitvertreib	Selbstbezogene Anreize	Affektive Bedürfnisse	Entspannung
Entspannung; Abbau emotionaler Spannungen			Erholung
			Ablenkung
Zerstreuung			Verdrängung von Problemen
Orientierung (Werteabgleich)			Suche nach emotionaler Erregung

Abbildung 16: Vergleich der selbstbezogenen Anreize der sozialen Medien (links) mit den affektiven Bedürfnissen, die von den Massenmedien befriedigt werden können (rechts)[279]

Da die Orientierung als Nutzungsmotiv der sozialen Medien vor allem als ein Abgleich der eigenen Werte mit denen der anderen Nutzer verstanden wird, ist diese Gratifikation auch mit den integrativen Bedürfnissen in Zusammenhang mit den Massenmedien vergleichbar. Diese stimmen trotz

---

[278] Eigene Abbildung
[279] Eigene Abbildung

der ähnlichen Begriffsverwendung nicht mit der Bedeutung der sozialen Integration als sozialer Anreiz der Social Media überein, da hierbei eine tatsächliche Aufnahme und Teilhabe an einer Gemeinschaft erreicht werden kann. Äquivalente der Statusanreize der sozialen Medien können von den Massenmedien nicht geboten werden, da hierfür eine Kommunikation vom Rezipienten aus nötig ist. Die Möglichkeit für eine solche Partizipation und Interaktion bieten die Social Media im Gegensatz zu den klassischen Massenmedien. Ausschließlich das Identitäts- und Impressionsmanagement ist im weiteren Sinne mit der Selbstfindung als integratives Bedürfnis vergleichbar, wenn der Aspekt der Weiterentwicklung der eigenen Identität durch ihre Darstellung berücksichtigt wird. Zur Verdeutlichung dieser Ausführungen siehe Abbildung 17.

Zeitvertreib	Selbstbezogene Anreize
Entspannung; Abbau emotionaler Spannungen	
Zerstreuung	
Orientierung (Werteabgleich)	

Integrative Bedürfnisse	Empathie und Identifikation
	Bestärkung von Werthaltungen
	Selbstfindung
	Vermittlung bzw. Bestätigung von Verhaltensmodellen

Identitäts- und Impressionsmanagement	Statusanreize
Selbstdarstellung	
Gefühle und Meinung ausdrücken	
Reputation	
Wissen vermitteln, andere informieren	
Einfluss haben	

Abbildung 17: Vergleich der selbstbezogenen Anreize und Statusanreize der sozialen Medien (links) mit den integrativen Bedürfnissen, die von den Massenmedien befriedigt werden können (rechts)[280]

Bei einer Gegenüberstellung der sozialen Anreize der Social Media und der interaktiven Bedürfnisse, die durch Massenmedien befriedigt werden können, lassen sich ebenfalls nur grob Parallelen feststellen (siehe Abbildung 18). Während die sozialen Medien intensiven sozialen Kontakt, wechselseitige Kommunikation und Austausch ermöglichen, können die klassischen Medien dies nur in Form einer parasozialen Interaktion bieten. Auch

---

[280] Eigene Abbildung

dieser Unterschied basiert auf den besonderen Eigenschaften der Online-Plattformen des Social Webs, die den Rezipienten die Gelegenheit zur aktiven Partizipation und Interaktion geben. Gemeinsam ist den Medienarten allerdings, dass ihre Inhalte als Gesprächsstoff in der interpersonalen Kommunikation genutzt werden. Dennoch ist festzuhalten, dass die sozialen Medien in diesem Bereich weit mehr Anreize bieten können als die klassischen Medien.

Soziale Interaktion	
Meinungsaustausch	
Soziale Beobachtung, vielfältige Meinungen erfahren	
Generieren von Gesprächsstoff	**Soziale Anreize**
Kontaktpflege	
Kontaktsuche	
Soziale Integration	
Etwas zu einer Gemeinschaft beitragen	

Interaktive Bedürfnisse	Parasoziale Interaktion mit Medienakteuren
	Nutzen von Medieninhalten als Gesprächsstoff in der interpersonalen Kommunikation

Abbildung 18: Vergleich der sozialen Anreize der sozialen Medien (links) mit den interaktiven Bedürfnissen, die von den Massenmedien befriedigt werden können (rechts)[281]

Neben den Statusanreizen, die Massenmedien grundsätzlich nicht besitzen, sind auch monetäre, idealistische und praktische Anreize nach dieser Gegenüberstellung ausschließlich Spezifika der sozialen Medien. Zudem werden keine Aktivitätsanreize in Zusammenhang mit den Massenmedien aufgeführt. Ähnlich wie die Statusanreize lässt sich die Divergenz in Bezug auf die monetären Anreize durch die Partizipations- und Interaktionsmöglichkeiten in den sozialen Medien erklären. Dies gilt teilweise auch für die Aktivitätsanreize, wie sich im Fall des Spaßes und der Freude an der Tätigkeit selbst zeigt. Den idealistischen und praktischen Anreizen liegen die Gesamtheit aller spezifischen Eigenschaften sowie die Idee des „Mitmach-Netzes" zu Grunde. Abschließend lässt sich festhalten, dass die sozialen Medien durch ihre Partizipations- und Interaktionsmöglichkeiten nicht nur weit umfassendere Bedürfnisbefriedigungen bieten. Beispiele hierfür sind die Möglichkeit die eigene Kreativität auszuleben, die Kontaktsuche sowie -pflege, der Meinungsaustausch, die Selbstdarstellung und der Einfluss auf andere. Zudem können vergleichbare Bedürfnisse in größerem Umfang

---

[281] Eigene Abbildung

oder stärkerer Intensität befriedigt werden, wie beispielsweise das Bedürfnis nach Information, der Möglichkeit etwas zu lernen, sozialer Interaktion sowie Integration.

5 Neuropsychologische Auswirkungen der sozialen Medien

Nachdem im vorangegangen Teil des Buches die Bedürfnisse und Motive, die den Antrieb, also die Motivation zur Nutzung der sozialen Medien erzeugen, eingehend behandelt wurden, beschäftigt sich dieses Kapitel mit den Auswirkungen der Nutzung der sozialen Medien. Hierbei werden jene Prozesse betrachtet, die gemäß dem Prinzip der positiven Rückkopplung wiederum die Social Media Nutzung beeinflussen. Somit wird zunächst auf das Suchtpotential dieser Kommunikationsmittel eingegangen. Obgleich es sich bei einer suchtgetriebenen Nutzung um ein destruktives Verhalten handelt, trägt es dennoch zur Nutzungssteigerung bei. Gemäß der vorgenommenen Definition der Nutzerzahlen beziehungsweise der Nutzungsintensität als Kennzahl für den Erfolg der sozialen Medien handelt es sich dabei ebenfalls um einen erfolgsfördernden Prozess. Die positive Intension des Begriffs Erfolg ist in diesem Zusammenhang leider unpassend. Infolge der Suchtthematik werden die nutzungsbedingten Lernprozesse und die damit einhergehende Anpassung des Gehirns an die sozialen Medien genauer dargelegt, da diese Anpassung wiederum eine verstärkende Wirkung auf die Nutzung der Social Media nach sich zieht.

5.1 Suchtpotential sozialer Medien

Das neuronale Belohnungssystem bewirkt, wie in Abschnitt 3.3.3 „Die Bedeutung des Belohnungssystems" dargelegt, die Stabilisierung lebens- und überlebenswichtiger Verhaltensweisen. Dies geschieht, indem solche Verhaltensweisen eine belohnende Wirkung nach sich ziehen, mit der sie in künftigen Situationen assoziiert werden und ein Verlangen nach den entsprechenden Reizen entsteht.[282] Als Folge wird der Reiz immer häufiger gesucht, beziehungsweise das Verhalten immer häufiger gezeigt. Letztendlich

---

[282] Vgl. Schröger 2010, S. 115; Schmitt 2008, S. 76; Zilles & Rehkämper 1998, S. 352; Bear, Connors & Paradiso 2009, S. 588; Berridge & Robinson 1998, S. 309 - 369; Ikemoto & Panksepp 1999, S. 6 – 41; Pecina et al. 2003, S. 9395 - 9402

kann dabei eine Abhängigkeit entstehen, welche in einer Steigerung der Reizzufuhr resultiert.[283] Auch für viele Substanzen mit Suchtpotential, wie Alkohol, Opiate, Amphetamine, Kokain und Nikotin, konnte trotz der Unterschiede in ihrem chemischen Aufbau und ihren chemischen Eigenschaften als Gemeinsamkeit irgendeine Art der Wirkung auf das mesolimbische Dopaminsystem festgestellt werden. Neben natürlichen Reizen kann das Belohnungssystem demnach auch direkt durch chemische Substanzen, also Drogen aktiviert werden.[284] Somit stellt das mesolimbische Dopaminsystem beziehungsweise das Belohnungssystem einen zentralen Bestandteil des Prozesses der Suchtentwicklung dar.[285]

Durch die Tatsache, dass das mesolimbische Dopaminsystem für die Entstehung von Motivation beziehungsweise für die Erzeugung des Verlangens nach einem belohnenden Reiz verantwortlich ist, jedoch nicht für den hedonistische Lustgewinn, der durch diesen Reiz ausgelöst wird (siehe Abschnitt 3.3 „Das Belohnungssystem als neuronales Korrelat der Motivation"), können verschiedene Phänomene in Bezug auf Süchte erklärt werden. Hierzu gehört, dass der Geschmack von Suchtmitteln wie Alkohol und Zigaretten beim Erstkonsum selten als positiv bewertet wird und sich trotz Ekel eine Abhängigkeit entwickeln kann. Das Suchtpotential dieser Substanzen kann somit nicht auf einem guten Geschmack beruhen. Dieses ergibt sich aus der aktivierenden Wirkung der Stoffe auf das Belohnungssystem.[286] Da dieses lediglich dem Zustand des „Wollens" und ein anderes System dem des „Mögens" zugrunde liegt, ist in diesen Fällen das eine ohne das andere möglich. Außerdem nimmt die Sensibilität des Belohnungssystems bei wiederholter Einnahme eines Suchtmittels zu. Dadurch steigt das Verlangen nach der Substanz, während der Lustgewinn durch die Einnahme im Zeitverlauf abnimmt. Zudem ist es vor allen anderen Faktoren dieses gesteigerte Verlangen, das durch die erhöhte Sensibilität des Belohnungssystems entsteht, auf dem die hohe Rückfallquote von Süchtigen beruht.[287]

---

[283] Vgl. Zilles & Rehkämper 1998, S. 352 f.
[284] Schandry 2011, S. 425 ff.; Schmitt 2008, S. 143; Zilles & Rehkämper 1998, S. 353; Jänig & Birbaumer 2010, S. 226 ff.
[285] Vgl. Schmitt 2008, S. 77 & 143; Zilles & Rehkämper 1998, S. 353; Bear, Connors & Paradiso 2009, S. 588; Jänig & Birbaumer 2010, S. 228 ff.; Schandry 2011, S. 425 ff.
[286] Vgl. Güntürkün 2012, S. 221 f.
[287] Vgl. Birbaumer & Schmidt 2010a, S. 696 ff.; Jänig & Birbaumer 2010, S. 228

Da Motivation in einem gesunden Ausmaß und krankhaftes Verlangen auf demselben neuronalen Korrelat basieren, ist es naheliegend, dass die Grenzen dabei fließend sind und eine breite Grauzone existiert.[288] Ein pathologisches Verhalten ist allerdings durch einen Entzug, also psychische oder körperliche Aversionen, bei einem Ausbleiben der gewünschten Reize gekennzeichnet.[289] Die Gemeinsamkeit in den neuronalen Korrelaten bedingt eine weitere Charakteristik der Süchte. Da das Belohnungssystem, wie bereits erwähnt, durch die Stabilisierung entsprechender zielgerichteter Verhaltensweisen das Leben und Überleben des Menschen sichert, manipulieren Süchte eine neuronale Struktur, die natürlicherweise der Lebenserhaltung dient. Dies erklärt die, einem Überlebenskampf gleiche, rücksichtslose Konsequenz und Intensität, mit der ein Mensch seine Sucht zu befriedigen versucht. Bei stoffgebundenen Süchten werden alle Anstrengungen auf die Beschaffung des Suchtmittels ausgerichtet. Bei einer nicht stoffgebundenen Sucht wird ein ursprünglich natürliches, zum Leben gehörendes Verhalten destruktiv in den Vordergrund aller Handlungen gerückt.[290] Gegenwärtig ist die Spielsucht die einzige Verhaltenssucht, die als psychiatrische Störung anerkannt ist.[291]

Da es sich bei der Nutzung der sozialen Medien um ein nachweislich über das neuronale Belohnungssystem motiviertes Verhalten handelt (siehe Abschnitt 4.3.3 „Neurowissenschaftliche Forschungsergebnisse"), besteht jedoch auch dabei das Potential einer, in diesem Fall nicht stoffgebundenen, Sucht. Das Suchtpotential der Social Networks und Facebook im Speziellen konnte bereits nachgewiesen werden.[292] Wie bereits erwähnt, ist es nicht immer leicht, zwischen einer intensiven jedoch nicht pathologischen Nutzung und einer tatsächlichen Sucht zu unterscheiden. Studienergebnisse und Fallbeispiele verdeutlichen jedoch, welche exzessiven Ausmaße die Nutzung der sozialen Medien annehmen kann. In einer Studie der Retrevo Inc. gaben 56% der Befragten an, das Bedürfnis zu haben, sich mindestens einmal täglich auf Facebook anzumelden. 12% verspüren den Drang bereits

---

[288] Vgl. Schmitt 2008, S. 141
[289] Vgl. Birbaumer & Schmidt 2006, S. 441, Jänig & Birbaumer 2010, S. 228
[290] Vgl. Schmitt 2008, S. 141 & 145
[291] Vgl. Andreassen et al. 2012, S. 501 - 517
[292] Vgl. Hormes, Kearns & Timko 2014, S. 2079 - 2088

nach ein paar Stunden ohne Facebook. Des Weiteren zeigte die Studie, dass mit 42% fast für die Hälfte aller Social Media Nutzer das Kontrollieren des Facebook oder Twitter Accounts die erste Tätigkeit nach dem Aufstehen am Morgen ist. 19% der unter 25-Jährigen beziehungsweise 11% der über 25-Jährigen gehen jedes Mal auf diesen Plattformen online, wenn sie nachts aufwachen. 27% beziehungsweise 20% tun dies zumindest gelegentlich. Außer während ihrer Nachtruhe erlauben viele Nutzer eine Unterbrechung durch elektronische Nachrichten in einigen anderen Situationen, so zum Beispiel in einem Meeting, beim Toilettengang oder während einer Mahlzeit. 7% der Befragten lesen Nachrichten sogar während des Geschlechtsverkehrs.[293] In einer weiteren Arbeit zur Social Network Sucht beschreiben die Autoren das Verhalten einer 24-jährigen Frau, die in etwa fünf Stunden pro Tag in Facebook investiert. Sie stellte viele ihrer früheren Aktivitäten ein und verbrachte den größten Teil des Tages zu Hause, um auf Facebook online zu sein. Darüber hinaus verlor sie ihre Arbeitsstelle, da sie ihren Arbeitsplatz wiederholt verließ, um ihren Account zu kontrollieren.[294] Andere Untersuchungen stuften nach unterschiedlichen Kriterien 34% beziehungsweise 24% ihrer Befragten als süchtig nach Social Networks beziehungsweise Social Network Spielen ein.[295] Wegen der rapide zunehmenden Nutzung von Facebook und der damit steigenden Relevanz der Suchtthematik in Bezug auf dieses Social Network, entwickelten Cecilie S. Andreassen und Kollegen die „Bergen Facebook Addiction Scale", um eine mögliche Sucht durch ein aussagekräftiges, psychometrisches Prozedere messen zu können.[296] Das Suchtpotential der sozialen Medien kann auch als eine starke Anziehungskraft angesehen werden, die zwar zu einer wiederholten und intensiven, jedoch nicht pathologischen Nutzung führt. Dies erklärt die Relevanz der Suchtthematik im Rahmen dieses Buches und somit für den Erfolg der sozialen Medien.

---

[293] Vgl. Eisner, Retrevo Inc., Is Social Media a New Addiction?, Abruf: 25.112014
[294] Vgl. Karaiskos et al. 2010, S. 855
[295] Vgl. Wan, Gratifications & Loneliness as Predictors of Campus-SNS Websites Addiction & Usage
Pattern among Chinese College Students, Abruf: 25.11.2014; Zhou & Leung 2012, S. 34 - 48
[296] Vgl. Andreassen et al. 2012, S. 501 - 517

5.2 Anpassung des Gehirns an die sozialen Medien

In Abschnitt 3.3.3 „Die Bedeutung des Belohnungssystems" wurde auf die Relevanz des Belohnungssystems für Lernvorgänge hingewiesen. Jegliche Lernprozesse basieren auf der sogenannten Neuroplastizität und sind nur wegen dieser Eigenschaft des Gehirns möglich.[297] Diese lässt sich, vereinfacht ausgedrückt, als Veränderbarkeit und Anpassungsfähigkeit des Gehirns an Lebenserfahrungen beschreiben.[298] Die Erkenntnis eines plastischen, einer andauernden Reorganisation unterliegenden Gehirns, das sich somit kontinuierlich verändert und anpasst, hat die Annahme eines statischen Organs erst vor einigen Jahren abgelöst. Die Überzeugung, dass das postnatale Hirn kaum einer Veränderung unterliegt, entstand durch die Tatsache, dass die Anzahl der Nervenzellen im pränatalen Zeitraum ihr Maximum erreicht und nach der Geburt ausschließlich eine Abnahme zu verzeichnen ist.[299] Dies geschieht, da einerseits durch den Prozess des sogenannten Prunings viele Nervenzellen abgebaut werden und andererseits die Neurogenese, die Neubildung von Neuronen, in vergleichsweise geringem Umfang stattfindet.[300] Durch enorme Fortschritte in der neurowissenschaftlichen Forschung und dem somit verbesserten Verständnis des Gehirns konnte gezeigt werden, dass eine Abnahme der Neuronenzahl eine neuronale Entwicklung, das heißt die Plastizität des Gehirns, nicht ausschließt.[301] Vielmehr besteht neben einem stabilen Gerüst von fest verbundenen Hirnarealen ein dynamisches System. Diese Koexistenz ist möglich, da sich der Verlauf der Anzahl der Synapsen, also der Verbindungen zwischen den Nervenzellen, gegenteilig zu dem der Neuronen verhält, nach der Geburt also ansteigt. [302] Durch das Einsetzen des Prunings nimmt zwar auch die Synapsendichte nach einiger Zeit wieder ab, doch die Neubildungsfähigkeit von Synapsen bleibt zeitlebens erhalten, wodurch das Gehirn die

---

[297] Vgl. Birbaumer & Schmidt 2010b, S. 206; Schandry 2011, S. 105 ff.; Trepel 2012, S. 4; Spitzer 2002, S. 94

[298] Vgl. Pritzel, Brand & Markowitsch 2003, S. 91; Spitzer 2002, S. 94

[299] Vgl. Trepel 2012, S. 4; Spitzer 2002, S. 94; Kolb, Gibb & Robinson 2003, S. 1 – 5

[300] Vgl. Birbaumer & Schmidt 2010b, S. 206 f.; Schandry 2011, S. 107; Pritzel, Brand & Markowitsch 2003, S. 92 f.; Pinel 2007, S. 289

[301] Vgl. Spitzer 2002, S. 94; Pritzel, Brand & Markowitsch 2003, S. 92; Kolb, Gibb & Robinson 2003, S. 1 – 5

[302] Vgl. Pritzel, Brand & Markowitsch 2003, S. 13 & 92; Trepel 2012, S. 4; Pinel 2007, S. 289

Eigenschaft der Plastizität erst mit dem Tod verliert.[303] Mit dem Begriff der Neuroplastizität wird meist diese Neubildung von Synapsen bezeichnet, obwohl es weitere Ebenen der Plastizität im Gehirn gibt.[304]

Der Vorgang des Lernens entspricht demnach auf der neurobiologischen Ebene der Neubildung oder funktionellen Veränderungen von Verbindungen zwischen Nervenzellen, also von Synapsen.[305] Die Hebb-Regel besagt in diesem Zusammenhang, dass die Verbindung zwischen Neuronen immer dann an Stärke gewinnt, wenn diese Neuronen wiederholt gleichzeitig aktiviert werden. Dieser Vorgang wird als Langzeitpotenzierung, also als längerfristige Verstärkung der Erregungsübertragung zwischen Neuronen, bezeichnet und wird als neurophysiologische Grundlage des Lernprozesses angesehen.[306] Die Verstärkung einer Verbindung kann dabei je nach Länge ihrer Beständigkeit durch Veränderungen in der prä- oder postsynaptischen Zelle oder, für eine längerfristige Potenzierung über Tage und Wochen, durch Ausbildung neuer Synapsen erreicht werden.[307] Durch die Tatsache, dass für die Verstärkung von Verbindungen zwischen Neuronen eine Wiederholung der gemeinschaftlichen Aktivierung nötig ist, lässt sich die Notwendigkeit von Wiederholungen in Lernprozessen erklären.[308] Soll beispielsweise ein Reim auswendig gelernt werden, muss dieser mehrmals gelesen oder aufgesagt werden. Erst bei dieser wiederholten, gemeinsamen Aktivierung der involvierten Neuronen entsteht eine verstärkte Verbindung zwischen den Nervenzellen und der Vorgang des Lernens findet statt.[309] Der Effekt bleibt allerdings aus, wenn zwischen den einzelnen Wiederholungen der Reime ein zu großer Zeitraum liegt. Das bedeutet, ein Reim kann nicht oder schlechter gelernt werden, wenn er beispielsweise nur jede Woche einmal wiederholt wird. Ein einzelner Impuls in einem Neuron hat für eine bestimmte Zeit eine Nachwirkung, während dieser der gleiche Impuls noch

---

[303] Vgl. Birbaumer & Schmidth 2010b, S. 206 f.; Trepel 2012, S. 4; Birbaumer & Schmidt 2010a, S. 610; Pritzel, Brand & Markowitsch 2003, S. 13 & 92 f.
[304] Vgl. Schmitt 2008, S. 53; Schandry 2011, S. 106 f.; Spitzer 2002, S. 94 f.
[305] Vgl. Spitzer 2002, S. 94; Trepel 2012, S. 4
[306] Vgl. Hebb 2002, S. 62; Spitzer 2002, S. 96; Schandry 2011, S. 478
[307] Vgl. Schandry 2011, S. 482 f.
[308] Vgl. Schandry 2011, S. 478 ff.; Birbaumer & Schmidt 2010b, S. 207 f.; Spitzer 2002, S. 94 f.; Seel 2000, S. 45
[309] Vgl. Schmitt 2008, S. 56

einmal auftreten muss, damit eine Langzeitpotenzierung entsteht und dadurch etwas gelernt werden kann.[310]

Für den Prozess des Lernens ist das bereits erwähnte Pruning, der Abbruch überzähliger Zellen, ebenso wichtig wie der Aufbau neuer Synapsen. Die Stabilisierung von Verbindungen durch simultane Aktivierung kann nur auf Kosten der benachbarten, inaktiven Synapsen erreicht werden, wodurch diese geschwächt werden und schließlich absterben.[311] Das bedeutet, dass Nervenzellen und Verbindungen zwischen Neuronen abgebaut werden, wenn sie nicht durch Erfahrung aktiviert werden.[312] Wegen dieses Mechanismus entwickelte sich in Bezug auf die Lernfähigkeit des Gehirns das Motto „Use it or lose it", wodurch die Rückbildung neuronaler Netzwerke bei anhaltender Inaktivierung zum Ausdruck gebracht wird.[313]

Die Neuroplastizität wurde zum besseren Verständnis in Zusammenhang mit aktiven und absichtsvollen Lernprozessen erläutert. Doch diese Eigenschaft des Gehirns dient grundsätzlich der effizienten Anpassung des Menschen an seine jeweiligen Lebensumstände. Einem Lernprozess beziehungsweise einer Veränderung im Gehirn muss deshalb nicht notwendigerweise eine Absicht zugrunde liegen. Sie kann sich auch im Zuge einer Veränderung der Lebensumstände vollziehen.[314] Die Lebensumstände eines Menschen umfassen auch dessen Medienkonsum. Das bedeutet, dass auch die Nutzung von sozialen Medien eine Anpassung des Gehirns an deren spezifische Eigenschaften nach sich zieht. Die Fähigkeiten, die für die Nutzung der sozialen Medien benötigt werden, erfahren also eine neuronale Stabilisierung.[315] Als Beispiel für eine solche Anpassung des Gehirns an die Bedingungen der Online Medien und insbesondere der Social

---

[310] Vgl. Schandry 2011, S. 479

[311] Vgl. Birbaumer & Schmidth 2010b, S. 206 f.

[312] Vgl. Hockfield & Kalb 1993, S. 87 - 92; Kalil 1989, S. 76 - 85

[313] Vgl. Schmitt 2008, S. 57; Pinel 2007, S. 290

[314] Vgl. Pritzel, Brand & Markowitsch 2003, S. 83; Hegner, Das TV ist am Ende seiner Möglichkeiten, Abruf: 25.11.2014; Hüther; Im Strudel virtueller Welten. Medienkonsum und Hirnentwicklung, Abruf: 25.11.2014

[315] Vgl. Hütter & Unkel 2011, S. 40 – 43; Hegner, Das TV ist am Ende seiner Möglichkeiten, Abruf: 25.11.2014;
Portmann 2012, S. 4 – 5; Greenfield, Facebook Home could chance our brains, Abruf: 25.11.2014

Media wird eine Verkürzung der Aufmerksamkeitsspanne genannt.[316] Einerseits ist das Angebot im Web 2.0 sehr dynamisch. Der Nutzer wechselt schnell und häufig zwischen verschiedenen Medien, um die einzelnen Seiten und Plattformen nach relevanten Infos zu durchsuchen.[317] Andererseits sind einzelne Beiträge meist sehr kurz gehalten. Videos auf YouTube sind größtenteils nur wenige Minuten lang und auf Twitter ist ein Beitrag auf 140 Zeichen begrenzt.[318] Für die schnellen Bildwechsel, das Sichten von Inhalten und die kurzen Konzentrationsphasen auf knappe Beiträge findet ein Lernprozess statt. Das Gehirn passt sich diesen Umständen an. Da die Neuronen, die beispielsweise eine längere Konzentrationsphase ermöglichen, nicht mehr genutzt beziehungsweise aktiviert werden, werden sie durch Pruning abgebaut.[319] Entscheidend für den Erfolg der sozialen Medien ist die Sogwirkung, die durch die Anpassung und Verstärkung der involvierten neuronalen Strukturen, entsteht. Das bedeutet, dass Verhaltensweisen, an die sich das Gehirn angepasst hat und für die somit besonders starke neuronale Verbindungen bestehen, präferiert und vorzugsweise gezeigt werden.[320] Hat sich das Gehirn eines Individuums an die Nutzung der sozialen Medien angepasst, werden diese in Form einer positiven Rückkopplung auch in Zukunft bevorzugt.

Zudem lassen sich negative Auswirkungen dieser Anpassung an die sozialen Medien finden. In Bezug auf die resultierende kürzere Aufmerksamkeitsspanne können in Situationen, die nicht dieselbe Abwechslung bieten, wie beispielsweise das Lesen längerer Texte oder Ansehen längerer Filme, Probleme und Ungeduld entstehen.[321] Da es sich hierbei jedoch um ein umstrittenes Themengebiet handelt und nähere Ausführungen den Rahmen dieses Buches sprengen würden, wird auf eben diese verzichtet.[322]

---

[316] Vgl. Portmann 2012, S. 4 – 5; Hütter & Unkel 2011, S. 40 – 43
[317] Vgl. Hütter & Unkel 2011, S. 40 – 43
[318] Vgl. Altpeter, YouTube-Infografik: 15 Fakten über YouTube, die du (vielleicht) noch nicht kanntest..., Abruf: 25.11.2014; ANGRON GmbH, YouTube Studie Erfolgsfaktoren, Abruf: 25.11.2014; Twitter Inc., Posten eines Tweets, Abruf: 25.11.2014; Portmann 2012, S. 4 – 5
[319] Vgl. Portmann 2012, S. 4 – 5; Hütter & Unkel 2011, S. 40 – 43
[320] Vgl. Hütter & Unkel 2011, S. 40 – 43
[321] Vgl. Portmann 2012, S. 4 – 5; Hütter & Unkel 2011, S. 40 – 43
[322] Vgl. hierzu Spitzer 2014, S. 1 ff.; Lossau, Digitale Demenz? Von wegen!, Abruf: 25.11.2014

6 Schlussbetrachtung

Die Schlussbetrachtung als abschließendes Kapitel dieses Buches dient dem Resümee und der Reflexion, der Conclusio sowie dem Aufzeigen weiterführender Perspektiven. Hierfür wird zunächst eine Zusammenfassung der vorangegangen Ausführungen und gewonnenen Erkenntnisse vorgenommen, um im Anschluss daran ein fundiertes Fazit in Bezug auf den Erfolg der sozialen Medien aus neuropsychologischer Perspektive ziehen zu können. Das Fazit dient zudem der Prüfung, ob der Zielsetzung des Buches gerecht werden konnte. Abschließend sollen im Ausblick weiterführende Gedanken zum Erfolg der sozialen Medien sowie das Potential der Ergebnisse dieses Buches dargestellt werden.

6.1 Zusammenfassung

Die Zielsetzung dieses Buches umfasst die Erarbeitung der Beweggründe für die Nutzung der sozialen Medien, deren Vergleich mit den Beweggründen für die Nutzung der traditionellen Massenmedien sowie die Betrachtung neuropsychologischer Prozesse, die der Intensivierung der Social Media Nutzung zuträglich sind. Außerdem soll auf der Basis der daraus gewonnen Erkenntnisse, eine Ableitung von Hypothesen zur Erklärung des Erfolges der sozialen Medien vorgenommen werden. Hierfür wurden zu Beginn die sozialen Medien vorgestellt. Trotz einer fehlenden eindeutigen Definition ist zunächst versucht worden, eine Begriffsabgrenzung vorzunehmen. Obwohl verschiedene Autoren unterschiedliche Kriterien als zentrale Charakteristika der sozialen Medien als elektronische Kommunikationsmittel beziehungsweise Internet-Plattformen vorbringen, wie beispielsweise die Förderung zwischenmenschlicher Beziehungen, die Kommunikation und der Austausch von Inhalten oder im Allgemeinen die Partizipation von Rezipienten, weisen diese Merkmale in ihrer Gesamtheit doch eindeutig auf den sozialen Aspekt dieser Medienart hin. Der Erfolg der sozialen Medien konnte anhand der enormen Nutzerzahlen verdeutlicht und die Unterschiede zu den klassischen Massenmedien mithilfe der Definition von Massenkommunikation nach Maletzke aufgezeigt werden. Hierbei sind vor allem die Möglichkeit der Partizipation und Interaktion und die daraus entstehende soziale Ausrichtung der Social Media festzuhalten.

Im anschließenden Kapitel wurden das Prinzip und die Funktion der Motivation sowohl aus psychologischer als auch aus neurowissenschaftlicher Sicht beleuchtet. Hierbei wurde zunächst das Verhalten im Allgemeinen als eine Funktion aus Personen- und Situationsfaktoren und die Motivation als eine Funktion aus Erwartung und Wert vorgestellt. Zudem konnte festgehalten werden, dass jegliches willkürliches Verhalten motiviert ist. Durch die Beschreibung des Aufbaus und der Eigenschaften des zentralen Nervensystems ist eine Vorstellung der anatomischen Verhältnisse vermittelt worden, wodurch die Lage der neuronalen Strukturen, die am Motivationsprozess beteiligt sind, beschrieben werden konnte. Durch die Ausführungen bezüglich der synaptischen Reizweiterleitung war es dagegen möglich, die Bedeutung des Neurotransmitters Dopamin für die Motivation zu verdeutlichen. Die funktionelle Beschreibung des Nucleus accumbens, des ventralen tegmentalen Areals, der Amygdala, des orbitofrontalen Cortex sowie des lateralen Präfrontalcortex als motivationsrelevante Hirnstrukturen erlaubte die Erläuterung der Funktionsweise des Belohnungssystems als neuronales Korrelat der Motivation. Dadurch war es möglich, die Relevanz des Belohnungssystems als lebensnotwendiger Antrieb für jegliches zielgerichtetes Verhalten darzulegen.

Im Anschluss wurde die Motivationsthematik in Zusammenhang mit der Mediennutzung, die ebenfalls ein willkürliches und damit motiviertes Verhalten darstellt, behandelt. Hierfür sind der Uses-and-Gratifications Ansatz und dessen Erweiterungen als theoretische Basis zur Untersuchung der Motive und Gratifikationen der Mediennutzung vorgestellt worden. Dessen Relevanz für die Erforschung der Nutzungsmotive der sozialen Medien konnte vor allem wegen der Annahme eines aktiven Publikums, das in Zusammenhang mit den Social Media in jedem Fall gegeben ist, verdeutlicht werden. Mittels der Zusammenfassung des Forschungsstandes bezüglich der Motive und Gratifikationen der sozialen Medien konnten sowohl Aktivitäts-, Neuigkeits-, selbstbezogene, monetäre und idealistische Anreize gefunden werden. Status-, soziale und praktische Anreize konnten als besonders relevant identifiziert werden. Die anschließend erarbeiteten Differenzen zwischen Motiven der sozialen und der Massenmedien sind auf die spezifischen Eigenschaften der Ersteren, insbesondere die Möglichkeit zur Partizipation und Interaktion, zurückzuführen.

Abschließend zeigte die Erläuterung der neuronalen Prozesse der Sucht und des Lernens, dass die Nutzung der sozialen Medien selbst neuropsychologische Auswirkungen und Veränderungen im Gehirn nach sich ziehen kann, wodurch nach dem Prinzip der positiven Rückkopplung wieder eine Nutzungssteigerung resultiert.

6.2   Fazit

Der Zielsetzung des Buches entsprechend konnten eine Reihe von Nutzungsmotiven der sozialen Medien zusammengetragen werden. Obwohl die Zusammenstellung keinen Anspruch auf Vollständigkeit oder Endgültigkeit erhebt, wird dennoch eine Vorstellung der Beweggründe für die Nutzung der sozialen Medien vermittelt. Auf dieser Grundlage konnte der angestrebte Vergleich mit den Motiven der Massenmedien stattfinden. Die identifizierten Differenzen können, wie bereits erwähnt, auf die spezifischen Eigenschaften der sozialen Medien zurückgeführt werden. Dabei ist besonders auffällig, dass die Möglichkeit zur Partizipation und Interaktion, die zu Beginn als zentraler Merkmalsunterschied der beiden Medienarten festgehalten werden konnte, eine besondere Relevanz besitzt. Diese stellt einerseits die Basis für die besonders relevanten Nutzungsmotive dar. Das bedeutet, dass viele der sozialen, praktischen und Statusanreize, wie beispielsweise die Kontaktsuche und –pflege, der Meinungsaustausch, die Selbstdarstellung und Einflussnahme auf andere sowie die Dokumentation und Archivierung von Daten, von den sozialen Medien nur unter der Voraussetzung der aktiven Teilnahme der Rezipienten geboten werden können. Andererseits beruhen auch die Differenzen zwischen den Social Media und Massenmedien in Bezug auf die Nutzungsmotive auf diesem zentralen Merkmalsunterschied der Medienarten. Wegen dieser enormen Relevanz der Partizipations- und Interaktionsmöglichkeit in den sozialen Medien in Bezug auf deren Nutzungsmotive und im Vergleich zu den traditionellen Medien, wird die erste Hypothese zur Erklärung des Erfolges der Social Media abgeleitet.

H1: Die Partizipations- und Interaktionsmöglichkeiten für die Nutzer der sozialen Medien entsprechen dem Nutzerwunsch in Bezug auf Medien besser, als die passiver ausgerichtete Nutzung der klassischen Massenmedien.

Gemäß der Hypothese 1 haben die sozialen Medien gegenüber den Massenmedien einen Vorteil, da ihre Funktionen und Eigenschaften besser an die Wünsche und Bedürfnisse der Rezipienten angepasst sind. Daraus lässt sich eine weitere Hypothese folgern.

H2: Aufgrund der besseren Anpassung der sozialen Medien an die Wünsche und Bedürfnisse der Nutzer, können diese Medien einen höheren Befriedigungsgrad erreichen als die klassischen Massenmedien.

Die Hypothese 2 besagt, dass die sozialen Medien aus ihrer besseren Anpassung an die Nutzerwünsche einen weiteren Vorteil gegenüber den Massenmedien ziehen. Ihnen ist es dadurch möglich, die Bedürfnisse der Rezipienten in einem größeren Umfang und damit besser zu befriedigen. Dies lässt sich auch in Verbindung mit dem Belohnungssystem als neuronales Korrelat der Motivation bringen (siehe hierzu Abschnitt 3.3 „Das Belohnungssystem als neuronales Korrelat der Motivation"). In Bezug auf die neuronalen Abläufe in Zusammenhang mit Motivation und Bedürfnisbefriedigung lässt sich eine dritte Hypothese formulieren.

H3: Die Nutzung der sozialen Medien führt im Vergleich zur Nutzung der Massenmedien zu einer stärkeren Aktivierung des Belohnungssystems.

Resultiert aus der Nutzung der sozialen Medien im Vergleich zu den Massenmedien eine umfangreichere beziehungsweise bessere Bedürfnisbefriedigung, ist der Rückschluss auf eine stärkere Aktivierung des Belohnungssystems naheliegend. Darüber hinaus lässt sich aufgrund einer stärkeren Aktivierung auch ein verstärktes Auftreten der Auswirkungen der Social Media Nutzung vermuten. Das bedeutet einerseits, dass durch die stärkere Aktivierung des Belohnungssystems durch die Nutzung der sozialen Medien ein gesteigertes Verlangen nach den sozialen Medien entsteht (siehe hierzu Abschnitt 3.3 „Das Belohnungssystem als neuronales Korrelat der Motivation" und Abschnitt 5.1 „Suchtpotential sozialer Medien"). Daraus lässt sich eine weitere Hypothese formulieren.

H₄: Die sozialen Medien besitzen im Vergleich zu den klassischen Massenmedien ein höheres Suchtpotential.

Da aus einer stärkeren Aktivierung des Belohnungssystems auch ein stärkeres Verlangen nach dem Objekt, das die Aktivierung ausgelöst hat, abgeleitet wird, und ein übermäßiges Verlangen nach einem Objekt zu süchtigem Verhalten führen kann, lässt sich die Vermutung formulieren, dass den sozialen Medien im Vergleich zu den Massenmedien ein stärkeres Suchtpotential innewohnt. Andererseits kann ebenfalls angenommen werden, dass sich durch die stärkere Aktivierung des Belohnungssystems der Lerneffekt, also die Anpassung des Gehirns an die sozialen Medien, steigert. Daraus ergibt sich Hypothese 5.

H₅: Die Nutzung der sozialen Medien zieht im Vergleich zu den klassischen Massenmedien einen stärkeren Lerneffekt beziehungsweise eine stärkere Anpassung des Gehirns nach sich.

Die Anpassung an die sozialen Medien führt zum einen zur bevorzugten Verwendung dieser Medienart. Zum anderen können durch eine solche Anpassung im Extremfall die Fähigkeiten, die zur Nutzung der traditionellen Medien nötig sind, wie beispielsweise die Konzentrationsfähigkeit zum Lesen längerer Texte oder Ansehen längerer Filme, verlernt werden.

In ihrer Gesamtheit bieten die Hypothesen 1 bis 5 einen Erklärungsansatz für den Erfolg der sozialen Medien aus neuropsychologischer Perspektive. Die Basis dabei bildet die Annahme, dass die sozialen Medien durch ihre gebotene Partizipations- und Interaktionsmöglichkeit für Nutzer besser an die Nutzerwünsche in Bezug auf Medien angepasst sind als die traditionellen Massenmedien. Damit geht die Fähigkeit einer besseren Bedürfnisbefriedigung einher, welche auf neurowissenschaftlicher Ebene einer Intensivierung der Aktivitäten im Belohnungssystem entspricht. Die Hypothesen 4 und 5 beziehen sich dagegen auf die Auswirkungen der Nutzung der sozialen Medien. Da sich diese durch die gesteigerte Aktivität im Belohnungssystem ebenfalls verstärken, entsteht ein zusätzlicher positiver Einfluss auf die Nutzungsintensität. Dieser geht zudem unter Umständen mit einer negativen Beeinflussung der Nutzung anderer Medien einher, wodurch der Erfolg der sozialen Medien zusätzlich verdeutlicht wird. Durch die Ableitung der Hypothesen als Ansatz zur Erklärung des Erfolges der sozialen Medien auf Basis der vorangegangenen Ausführungen und gewonnen Erkenntnisse bezüglich der Nutzungsmotive der sozialen Medien, deren Vergleich mit den Motiven zur Nutzung der Massenmedien und den neuropsychologischen Mechanismen zur Intensivierung der Social Media Nutzung, konnte die Zielsetzung des Buches erreicht werden.

6.3   Ausblick

Die zukünftige Entwicklung der Relevanz der sozialen Medien als Kommunikationsmittel bleibt spannend. In Anbetracht der außerordentlichen Erfolgsgeschichte der Social Media stellen sich in diesem Zusammenhang die Fragen, ob die sozialen Medien die klassischen Massenmedien aus der Medienlandschaft verdrängen werden oder ob die Koexistenz weiterhin bestehen bleibt. Daneben existieren jedoch auch negative Prognosen für die Zukunft sozialer Medien, vor allem für die Social Networks und deren größten Vertreter Facebook. So wurde in einer aktuellen Untersuchung (Veröffentlichung im Jahr 2014), die die Entwicklung der Nutzerzahlen des Netzwerkes mit den Phasen einer Seuchenausbreitung vergleicht, eine rapide Abnahme der Mitgliederzahl prophezeit. Ähnlich dem Verlauf einer Seuche, die nach ihrer epidemischen Ausbreitung nach einiger Zeit eine Eindämmung erfährt, soll das weit verbreitete Social Network in den kommenden ein bis drei Jahren 80% seiner Nutzer verlieren.[323] Dabei ist es jedoch von zentraler Bedeutung, Facebook nicht mit den sozialen Medien im Allgemeinen gleichzusetzen. Sollte die Prognose für das Social Network zutreffen, bedeutet das nicht das Verschwinden beziehungsweise die Marginalisierung der Social Media als Gesamtphänomen. Facebook würde durch andere Plattformen ersetzt und die Idee der Art zu kommunizieren, die von den sozialen Medien verkörpert wird, würde fortgeführt werden.[324]

---

[323] Vgl. Cannarella & Spechler, Epidemiological modeling of online social network dynamics, Abruf: 02.12.2014

[324] Vgl. Bitomsky, Ist Facebook tot? Schon wieder?, Abruf: 02.12.2014

Die Neuropsychologie kann in diesem Zusammenhang wertvolle Beiträge zur Erforschung der sozialen Medien leisten. Die Erkenntnisse dieses Buches sind zwar lediglich als erste Überlegungen der neuropsychologischen Erforschung des Erfolges der sozialen Medien anzusehen, denn die aufgestellten Hypothesen bedürfen zunächst eines empirischen Belegs, um ihre Aussagen verifizieren zu können. Dennoch eignen sich die Ergebnisse des Buches zur Vermittlung einer Vorstellung des Potentials der Neuropsychologie im Rahmen der Erforschung der sozialen Medien und deren Erfolg.

Literaturverzeichnis

Aelker, L. (2008). Uses and Gratifications-Ansatz. In: N. Krämer, S. Schwan, D. Unz & M. Suckfüll (Hrsg.), Medienpsychologie – Schlüsselbegriffe und Konzepte (S. 17 – 22). Stuttgart: Kohlhammer.

Allen, N. J. & Barres, B. A. (2009). Neuroscience: Glia – more than just brain glue. Nature, 457 (7230), S. 675 – 677.

Altendorfer, O. (2009). Einführung in die Kommunikationswissenschaft. In: O. Altendorfer & L. Hilmer (Hrsg.), Medienmanagement – Band 1: Methodik – Journalistik und Publizistik – Medienrecht (S. 167 – 195). Wiesbaden: VS.

Altmann, M.-N. (2011). User Generated Content im Social Web – Warum werden Rezipienten zu Partizipienten. Berlin: LIT.

Altpeter, B. (2012): YouTube-Infografik: 15 Fakten über YouTube, die du (vielleicht) noch nicht kanntest… Online: [http://prof-pc.de/youtube-infografik-2/], Abruf: 25.11.2014.

Ames, M. & Naaman, M. (2007). Why We Tag: Motivations for Annotation in Mobile and Online Media. Human Factors in Computing Systems: Proceedings of the SIGCHI Conference, S. 971 – 980.

Anastasiadis, M. & Thimm Caja (Hrsg.) (2011). Social Media. Theorie und Praxis digitaler Sozialität. Bd. 10. Frankfurt am Main: Peter Lang.

Ancu, M. & Cozma, R. (2009). MySpace Politics: Uses and Gratifications of Befriending Candidates. Journal of Broadcasting & Electronic Media, 53 (4), S. 567 – 583.

Andreassen, C. S., Torsheim, T., Brunborg, G. S. & Pallesen, S. (2012). Development of a Facebook addiction scale. Psychological Reports, 110 (2), S. 501 – 5017.

ANGRON GmbH (2013): YouTube Studie Erfolgsfaktoren. Online: [http://cdn.webvideo.com/de/wp-content/uploads/youtube_studie_erfolgsfaktoren.pdf], Abruf: 25.11.2014.

Atkinson, J. W. (1957). Motivational determinants of risk-taking behavior. Psychological Review, 64, S. 359 – 372.

Atkinson, J. W. (1964). An introduction to motivation. Princetion, NJ: Van Nostrand.

Bandura, A. (1979). Sozial-kognitive Lerntheorie. Stuttgart: Klett-Cotta.

Bao, S., Chan, V. T. & Merzenich, M. M. (2001). Cortical remodelling induced by activity of ventral tegmental dopamine neurons. Nature, 412 (6842), S. 79 – 83.

Bear, M. F., Connors, B. W. & Paradiso, M. A.; Engel, A. K. (Hrsg.) (2009). Neurowissenschaften – Ein grundlegendes Lehrbuch für Biologie, Medizin und Psychologie. 3. Aufl. Heidelberg: Spektrum.

Bernecker, M. & Beilharz, F. (2012). Social Media Marketing: Strategien, Tipps und Tricks für die Praxis. 3. Aufl. Köln: Johanna.

Berridge, K. C. (1996). Food Reward: Brain Substrates of Wanting and Liking. Neuroscience and Biobehavioral Reviews, 20(1), S. 1 – 25.

Berridge, K. C. & Robinson, T. E. (1998). What is the role of dopamine in reward: hedonic impact, reward learning, or incentive salience? Brain Research Review, 28 (3), S. 309 – 369.

Beyer, A. & Carl, P. (2004). Einführung in die Medienökonomie. Konstanz: UVK.

Bickart, K.C., Hollenbeck, M. C., Barrett, L. F. & Dickerson, B. C. (2012). Intrinsic Amygdala-Cortical Functional Connectivity Predicts Social Network Size in Humans. Journal of Neuroscience, 32 (42), S. 14729 – 14741.

Bickart, K. C., Wright, C. I.,Dautoff, R. J., Dickerson, B. C. & Feldman Barrett, L. (2010). Amygdala Volume and Social Network Size in Humans. Nature Neuroscience, 14 (2), S. 163.

Birbaumer, N. & Schmidt, R. F. (2006). Motivation und Emotion. In: R. F. Schmidt & H.-G. Schaible (Hrsg.), Neuro- und Sinnesphysiologie, 5. Aufl. (S. 424 – 448). Heidelberg: Springer Medizin.

Birbaumer, N. & Schmidt, R. F. (2010a). Biologische Psychologie. 7. Aufl. Heidelberg: Springer Medizin.

Birbaumer, N. & Schmidt, R. F. (2010b). Lernen und Gedächtnis. In: R. F. Schmidt, F. Lang & Heckmann, M. (Hrsg.), Physiologie des Menschen mit Pathophysiologie, 31. Aufl. (S. 201 – 217). Heidelberg: Springer Medizin.

Bitomsky, F. (2014). Ist Facebook tot? Schon wieder? Online: [http://www.b2n-social-media.de/ist-facebook-tot/], Abruf: 02.12.2014.

Bösel, R. M. (2006). Das Gehirn – Ein Lehrbuch der funktionellen Anatomie für die Psychologie. Stuttgart: Kohlhammer.

Boyd, D. (2007). Why Youth (Heart) Social Network Sites: The Role of Networked Publics in Teenage Social Life. In: D. Buckingham (Hrsg.), Youth, Identity, And Digital Media (S. 119 – 142). Cambridge, MA: MIT Press.

Boyd, D. & Ellison, N. B. (2007). Social Network Sites: Definition, History, and Scholarship. Journal of Computer-Mediated Communication, 13 (1), S. 210 – 230.

Braitenberg, V. & Schüz, A. (2006). Allgemeine Neuroanatomie. In: R. F. Schmidt & H.-G. Schaible (Hrsg.), Neuro- und Sinnesphysiologie, 5. Aufl. (S. 1 – 13). Heidelberg: Springer Medizin.

Brandstätter, V., Achtziger, A. & Gollwitzer, P. M. (2011). Motivation und Volition. In: A. Schütz, M. Brand, H. Selg & S. Lautenbacher (Hrsg.), Psychologie – Eine Einführung in ihre Grundlagen und Anwendungsfelder, 4. Aufl. (S. 173 – 188). Stuttgart: Kohlhammer.

Brandstätter, V., Schüler, J., Puca, R. M. & Lozo, L. (2013). Motivation und Emotion. Berlin: Springer.

Bryant, S. L., Forte, A. & Bruckman, A. (2005). Becoming Wikipedian: Transformation of Participation in a Collaborative Online Encyclopedia. Proceedings of GROUP: International Conference on Supporting Group Work, S. 1 – 10.

Bumgarner, B. A. (2007): You have been poked: Exploring the uses and gratifications of Facebook among emerging adults. Online: [http://firstmonday.org/article/view/2026/1897], Abruf: 21.11.2014.

Cannarella, J. & Spechler, J. A. (2014): Epidemiological modeling of online social network dynamics. Online: [http://arxiv.org/abs/1401.4208v1], Abruf: 02.12.2014.

Cardinal, R. N., Parkinson, J. A., Hall, J. & Everitt, B. J. (2002). Emotion and motivation: the role of the amygdala, ventral striatum, and prefrontal cortex. Neuroscience and Biobehavioral Reviews, 26 (3), S. 321 – 352.

Carlson, N. R. (2004). Physiologische Psychologie. 8. Aufl. München: Pearson.

Chen, H. (2008): Understanding Content Consumers and Content Creators in the Web 2.0 Era: A Case Study of YouTube Users. Paper presented at the annual meeting of the International Communication Association. Montreal. Online: [http://citation.allacademic.com/meta/p_mla_apa_research_citation/2/3/3/7/0/pages233709/p233709-1.php], Abruf: 23.11.2014.

Ciffolilli, A. (2003): Phantom authority, self-selective recruitment and retention of members in virtual communities: The case of Wikipedia. Online: [http://firstmonday.org/article/view/1108/1028], S. Abruf: 24.11.2014.

Clever, U. (1997). Internet – Fluch oder Segen? Das Internet und die öffentlich-rechtlichen Rundfunkanstalten. Hamburg: Diplomica.

Courtois, C., Mechant, P., De Marez, L. & Verleye, G. (2009). Gratifications and Seeding Behavior of Online Adolescents. Journal of Computer-Mediated Communication, 15 (1), S. 109 – 137.

Csibra, G. & Gergely, G. (2011). Natural pedagogy as evolutionary adaptation. Philosophical Transactions of the Royal Society B, 366 (1567), S. 1149 – 1157.

De Waal, E., Schönbach, K. & Lauf, E. (2005). Online Newspapers: A Substitute or Complement for Print Newspapers and Other Information Channels? Communications, 30 (1), S. 55 – 72.

Dudel, J. (2006). Synaptische Übertragung. In: R. F. Schmidt & H.-G. Schaible (Hrsg.), Neuro- und Sinnesphysiologie, 5. Aufl. (S. 43 – 64). Heidelberg: Springer Medizin.

Dunbar, R., Marriott, A. & Duncan, N. (1997). Human conversational behavior. Human Nature, 8 (3), S. 231 – 246.

Ebersbach, A., Glaser, M. & Heigl, R. (2011). Social Web. 2. Aufl. Konstanz: UVK.

Eisner, A., Retrevo Inc. (2010): Is Social Media a New Addiction? Online: [http://www.retrevo.com/content/?q=blog/2010/03/social-media-new-addiction%3F], Abruf: 25.11.2014.

Ekdale, B., Namkoong, K., Fung, T. K. F. & Perlmutter, D. D. (2010). Why blog? (then and now): Exploring the motivations for blogging by popular American political bloggers. New Media & Society, 12 (2), S. 217 – 234.

Elger, C. E. (2009). Neuroleadership – Erkenntnisse der Hirnforschung für die Führung von Mitarbeitern. Freiburg im Breisgau: Haufe.

Emler, N. (1990). A social psychology of reputation. European Review of Social Psychology, 1, S. 171-193.

Emler, N. (1994). Gossip, reputation and social adaptation. In: R. Goodman & A. Ben Ze'ev (Hrsg.), Good gossip (S. 117 – 133). Lawrence: University Press of Kansas.

Feather, N. T. (1959a). Subjective probability and decision under uncertainty. Psychological Review, 66 (3), S. 150 – 164.

Feather, N. T. (1959b). Success probability and choice behavior. Journal of Experimental Psychology, 58 (4), S. 257 – 266.

Fishbein, M. (1963). An Investigation of the Relationships between Beliefs about an Object and the Attitude toward that Object. Human Relations, 16 (3), S. 233-239.

Fishbein, M. & Ajzen, I. (1975). Belief, Attitude, Intention and Behavior: An Introduction to Theory and Research. Reading: Addison-Wesley.

Froitzhuber-Wagner, S. (2013): Kommunikationsrevolution Social Media – Michael Ehlers im Gespräch. Online: [http://www.bluereport.net/blog/2013/kommunikationsrevolution-social-media-michael-ehlers-im-gesprach/], Abruf: 21.09.2014.

Galloway, J. J. & Meek, F. L. (1981). Audience Uses and Gratifications – An Expectancy Model. Communication Research, 8, S. 435 – 449.

Gasser, S.; Drei Elemente GmbH (2013): Social Media Geschichte. Online: [http://www.drei-elemente.com/die-social-media-geschichte/], Abruf: 21.09.2014.

Gehirn-Atlas.de. (2014): Gehirn-Atlas: Funktionen und Funktionsstörungen des Gehirns. Online: [http://www.gehirn-atlas.de/index.html], Abruf: 02.12.2014.

Gleich, U. (1996). Sind Fernsehpersonen die „Freunde" des Zuschauers? Ein Vergleich zwischen parasozialen und realen sozialen Beziehungen. In: P. Vorderer (Hrsg.), Fernsehen als "Beziehungskiste" – Parasoziale Beziehungen und Interaktionen mit TV-Personen (S. 113 – 144). Opladen: Westdeutscher.

Google Inc. (2013): YouTube Official Blog – Here's to eight great years. Online: [http://youtube-global.blogspot.de/2013/05/heres-to-eight-great-years.html], Abruf: 21.09.2014.

Google Inc. (2011): YouTube Official Blog – New YouTube features for music artists. Online: [http://youtube-global.blogspot.de/2011/10/new-youtube-features-for-music-artists.html], Abruf: 04.12.2014.

Green, P., Aleva, A., Robinson, C., Berger, M. & Dracup, J. (o.J.): Facebook, Twitter and other Social media are "brain candy". Online: [http://neurosciencefundamentals.unsw.wikispaces.net/Facebook,+twitter +and+other+social+media+are+%27brain+candy%27], Abruf: 20.11.2014.

Greenberg, B.S. (1974). Gratifications Television Viewing and Their Correlates for British Children. In: J. G. Blumler & E. Katz (Hrsg.), The Uses of Mass Communications – Current Perspectives on Gratifications Research (S. 71 – 92). Beverly Hills: Sage.

Greenfield, S. (2013): Facebook Home could change our brains. Online: [http://www.telegraph.co.uk/technology/facebook/9975118/Facebook-Home-could-change-our-brains.html], Abruf: 25.11.2014.

Gurden, H., Takita, M. & Jay, T. M. (2000). Essential role of D1 but not D2 receptors in the NMDA receptor-dependent long-term potentiation at hippocampal-prefrontal cortex synapses in vivo. The Journal of Neuroscience, 20 (22), S. 1 – 5.

Güntürkün, O. (2012). Biologische Psychologie. Göttingen: Hogrefe.

Haridakis, P. & Hanson, G. (2009). Social Interaction and Co-Viewing With YouTube: Blending Mass Communication Reception and Social Connection. Journal of Broadcasting & Electronic Media, 53 (2), S. 317 – 335.

Hebb, D. O. (2002). The Organization of Behavior – A Neuropsychological Theory. Mahwah: Lawrence Erlbaum Associates.

Heckhausen, H. (1989). Motivation und Handeln. 2.Aufl. Berlin: Springer.

Heckhausen, J. & Heckhausen, H. (2010). Motivation und Handeln: Einführung und Überblick. In: J. Heckhausen & H. Heckhausen (Hrsg.), Motivation und Handeln, 4. Aufl. (S. 1 – 9). Berlin: Springer.

Hegner, C. (2010): Das TV ist am Ende seiner Möglichkeiten. Online: [http://www.sueddeutsche.de/kultur/tv-der-zukunft-das-tv-ist-am-ende-seiner-moeglichkeiten-1.391126], Abruf: 25.11.2014.

Heintze, R.; Faktenkontor GmbH (2013). Social-Media-Atlas 2013: So surft Deutschland im Web 2.0. Online: [http://www.faktenkontor.de/social-media-atlas-2013-so-surft-deutschland-im-web-2-0/], Abruf: 30.11.2014.

Hettler, U. (2010). Social Media Marketing – Marketing mit Blogs, Sozialen Netzwerken und weiteren Anwendungen des Web 2.0. München: Oldenbourg.

Heymann-Reder, D. (2011). Social Media Marketing: Erfolgreiche Strategien für Sie und Ihr Unternehmen. München: Addison-Wesley.

Hockfield, S. & Kalb, R. G. (1993). Activity-dependent structural changes during neuronal development. Current Opinion in Neurobiology, 3 (1), S. 87 – 92.

Höflich, J. R. (1996). Technisch vermittelte interpersonale Kommunikation – Grundlagen, organisatorische Medienverwendung, Konstitution „elektronischer Gemeinschaften". Opladen: Westdeutscher.

Höflich, J. R. (1998). Computerrahmen und Kommunikation. In: E. Prommer & G. Vowe (Hrsg.), Computervermittelte Kommunikation – Öffentlichkeit im Wandel (S. 141 – 174). Konstanz: UVK-Medien.

Hormes, J. M., Kearns, B. & Timko, C. A. (2014). Craving Facebook? Behavioral addiction to online social networking and its association with emotion regulation deficits. Addiction, 109 (12), S. 2079 – 2088.

Horton, D. & Strauss, A. (1957). Interaction in audience-participation shows. American Journal of Sociology, 62 (6), S. 579 – 587.

Horton, D. & Wohl, R. (1956). Mass communication and para-social interaction –observations on intimacy at a distance. Psychiatry, 19 (3), S. 215 – 229.

Huber, F., Meyer, F. & Gluth, O.; Gierl, H., Helm, R., Huber, F. & Sattler, H. (Hrsg.) (2012). Mitgliederbindung an Social Network Sites – Eine empirische Analyse zur Aufdeckung von Nutzermotiven. Bd. 58. Lohmar: Josef Eul.

Hüther, G. (o. J.): Im Strudel virtueller Welten. Medienkonsum und Hirnentwicklung. Online: [http://www.f01.fh-koeln.de/imperia/md/content/personen/e.ostbomk_fischer/im_strudel_virtueller_welten.pdf], Abruf: 25.11.2014.

Hütter, F. K. & Unkel, U. (2011). Das Gehirn 2.0 - Die Zukunft der Kundenkommunikation. Social Media Magazin, 2011 (1), S. 40 – 43.

Ikemoto, S. & Panksepp, J. (1999). The role of nucleus accumbens dopamine in motivated behavior: A unifying interpretation with special reference to reward-seeking. Brain Research Reviews, 31 (1), S. 6 – 41.

Jäckel, M. (2011). Medienwirkungen – Ein Studienbuch zur Einführung. 5. Aufl. Wiesbaden: VS.

Jänig, W. & Birbaumer, N. (2010). Motivation und Emotion. In: R. F. Schmidt, F. Lang & Heckmann, M. (Hrsg.), Physiologie des Menschen mit Pathophysiologie, 31. Aufl. (S. 218 – 236). Heidelberg: Springer Medizin.

Jers, C. (2012). Konsumieren, Partizipieren und Produzieren im Web 2.0 – Ein sozial-kognitives Modell zur Erklärung der Nutzungsaktivität. Köln: Herbert von Halem.

Joinson, A. N. (2008). "Looking at", "Looking up" or "Keeping up with" People? Motives and Use of Facebook. Human Factors in Computing Systems: Proceedings of the SIGCHI Conference, S. 1027 - 1036

Jones, J. M. (2010): The Me in Media: A functionalist approach to examining motives to produce within the public space of YouTube. Ph. D. Dissertation. University of Minnesota. Online: [http://conservancy.umn.edu/handle/11299/61916], Abruf: 23.11.2014.

Jung, T., Youn, H. & McClung, S. (2007). Motivations and self-presentation strategies on Korean-based "Cyworld" weblog format personal homepages. CyberPsychology & Behavior, 10 (1), S. 24 – 31.

Kalil, R. E. (1989). Synapse formation in the developing brain. Scientific American, 261 (6), S. 76 – 85.

Kanai, R., Bahrami, B., Roylance, R. & Rees, G. (2012). Online social network size is reflected in human brain structure. Proceedings of the Royal Society B, 279 (1732), S. 1327 – 1334.

Karaiskos, D., Tzavellas, E., Balta, G. & Paparrigopoulos, T. (2010). Social network addiction : a new clinical disorder? European Psychiatry, 25, S. 855.

Kasten, E. (2007). Einführung Neuropsychologie. München: Ernst Reinhardt.

Katz, E. (1959). Mass communications research and the study of popular culture: an editorial note on a possible future for this journal. Studies in Public Communication, 2, S. 1-6.

Katz, E., Blumler, J. G. & Gurevitch, M. (1974). Utilization of Mass Communication by the Individual. In: J. G. Blumler & E. Katz (Hrsg.), The Uses of Mass Communications – Current Perspectives on Gratifications Research (S. 19 – 32). Beverly Hills: Sage.

Katz, E., Gurevitch, M. & Haas, H. (1973). On the Use of Mass Media for Important Things. American Sociological Review, 38, S. 164 – 181.

Kaye, B. K. (2005). It's a Blog, Blog, Blog World: Users and Uses of Weblogs. Atlantic Journal of Communication, 13 (2), S. 73 – 95.

Kirch, N. (2013): Social Media Statistiken – YouTube: Die Hälfte aller Internet-Nutzer besucht die Video-Seite. Online: [http://www.socialmediastatistik.de/youtube-die-halfte-aller-internet-nutzer-besucht-die-video-seite/], Abruf: 21.09.2014.

Klüver, H. & Bucy, P. C. (1937). "Psychic blindness" and other symptoms following bilateral temporal lobectomy in rhesus monkeys. American Journal of Physiology, 119, S. 352 – 353.

Klüver, H. & Bucy, P. C. (1939). Preliminary analysis of functions of the temporal lobes in monkeys. Archives of Neurology and Psychiatry, 42 (6), S. 979 – 1000.

Köhler, T. (2001). Biopsychologie – Ein Lehrbuch. Stuttgart: Kohlhammer.

Kolb, B., Gibb, R. & Robinson, T. E. (2003). Brain Plasticity and Behavior. Current Directions in Psychological Science, 12, S. 1 – 5.

Kroker, M. (2013): 5 Jahre Social Media: Die Entwicklung der sozialen Netzwerke von 2008 bis 2013. Online: [http://blog.wiwo.de/look-at-it/2013/12/10/5-jahre-social-media-die-entwicklung-der-sozialen-netzwerke-von-2008-bis-2013/], Abruf: 21.09.2014.

Kunczik, M. & Zipfel, A. (2005). Publizistik. 2. Aufl. Köln: Böhlau.

Lammenett, E. (2014). Praxiswissen Online-Marketing: Affiliate- und E-Mail-Marketing, Suchmaschinenmarketing, Online-Werbung, Social Media, Online-PR. 4. Aufl. Wiesbaden: Springer Gabler.

Landis, M. H. & Burtt, H. E. (1924). A Study of Conversations. Journal of Comparative Psychology, 4 (1), S. 81 – 89.

Laningham, S.; IBM developerWorks. (2006): developerWorks Interviews: Tim Berners-Lee. Online: [http://www.ibm.com/developerworks/podcast/dwi/cm-int082206txt.html#resources], Abruf: 04.12.2014.

LaRose, R. & Eastin, M. S. (2004). A Social Cognitive Theory of Internet Uses and Gratifications: Toward a New Model of Media Attendance. Journal of Broadcasting & Electronic Media, 48 (3), S. 358 – 377.

LaRose, R., Mastro, D. & Eastin, M. S. (2001). Understanding Internet Usage – A Social-Cognitive Approach to Uses and Gratifications. Social Science Computer Review, 19 (4), S. 395 – 413.

LeDoux, J. E. (1996). The emotional brain - the mysterious underpinnings of emotional life. New York: Simon & Schuster.

Leffelsend, S., Mauch, M. & Hannover, B. (2004). Mediennutzung und Medienwirkung. In: R. Mangold, P. Vorderer & G. Bente (Hrsg.), Lehrbuch der Medienpsychologie (S. 51 - 71). Göttingen: Hogrefe.

Leung, L. (2009). User-generated content on the internet: an examination of gratifications, civic engagement and psychological empowerment. New Media & Society, 11 (8), S. 1327 – 1347.

Lim, S. (2009). How and why do college students use Wikipedia? Journal of the American Society for Information Science and Technology, 60 (11), S. 2189 – 2202.

Lippert, H. (2011). Lehrbuch Anatomie. 8. Aufl. München: Elsevier.

Liu, S.-H., Liao, H.-L. & Zeng, Y.-T. (2007). Why People Blog: An Expectancy Theory Analysis. Issues in Information Systems, 8 (2), S. 232 – 237.

Lossau, N. (2013): Digitale Demenz? Von wegen! Online: [http://www.welt.de/gesundheit/article112361058/Digitale-Demenz-Von-wegen.html], Abruf: 25.11.2014.

Maletzke, G. (1963). Psychologie der Massenkommunikation – Theorie und Systematik. Hamburg: Hans-Bredow-Institut.

Managò, F., Castellano, C., Oliverio, A., Mele, A. & De Leonibus, E. (2009). Role of dopamine receptors subtypes, D1-like and D2-like, within the nucleus accumbens subregions, core and shell, on memory consolidation in the one-trial inhibitory avoidance task. Learning & Memory, 16 (1), S. 46 – 52.

Mauri, M., Cipresso, P., Balgera, A., Villamira, M. & Riva, G. (2011). Why Is Facebook So Successful? Psychophysiological Measures Describe a Core Flow State While Using Facebook. Cyberpsychology, Behavior, and Social Networking, 14 (12), S. 723 – 731.

McClelland, D. C., Koestner, R. & Weinberger, J. (1989). How do self-attributed and implicit Motives differ? Psychological Review, 96 (4), S. 690 – 702.

McQuail, D. & Windahl, S. (1993). Communication Models – For the study of mass communication. 2. Aufl. London: Longman.

Merten, K. (1984). Vom Nutzen des "Uses and Gratifications Approach". Anmerkungen zu Palmgreen. Rundfunk und Fernsehen, 32 (1), S. 66 – 72.

Meshi, D., Morawetz, C. & Heekeren, H. R. (2013). Nucleus accumbens response to gains in reputation for the self relative to gains for others predicts social media use. Frontiers in Human Neuroscience, 7, S. 439.

Meyen, M. (2004). Mediennutzung. 2. Aufl. Konstanz: UVK.

Miller, A. D. & Edwards, W. Keith. (2007). Give and Take: A Study of Consumer Photo-Sharing Culture and Practice. Human Factors in Computing Systems: Proceedings of the SIGCHI Conference, S. 347 – 356.

Morris, M. & Ogan, C. (1996). The Internet as Mass Medium. Journal of Communication, 46 (1), S. 39 – 50.

Münker, S. (2012). Die Sozialen Medien des Web 2.0. In: D. Michelis (Hrsg.), Social-Media-Handbuch (S. 45 – 55). Baden-Baden: Nomos.

Münz, S. (2011). Klassische Netzkommunikation vs. Social Networking. In: J. Krone (Hrsg.), Medienwandel kompakt 2008 – 2010 (S. 75 – 76). Baden-Baden: Nomos.

Myers, D. G. (2008). Psychologie. Heidelberg: Springer Medizin.

Naaman, M., Boase, J. & Lai, C. (2010). Is it really about me?: message content in social awareness streams. Computer supported cooperative work: Proceedings of the 2010 ACM conference, S. 189 – 192.

Nadkarni, A. & Hofmann, S. G. (2012). Why Do People Use Facebook? Personality and Individual Differences, 52 (3), S. 243 – 249.

Nardi, B. A., Schiano, D. J. & Gumbrecht, M. (2004). Blogging as Social Activity, or, Would You Let 900 Million People Read Your Diary? Computer supported cooperative work: Proceedings of the 2004 ACM conference, S. 222 – 231.

Nardi, B. A., Schiano, D. J., Gumbrecht, M. & Swartz, L. (2004). Why we blog. Communications of the ACM, 47 (12), S. 41 – 46.

Netburn, D. (2012): Facebook, Twitter, other social media are brain candy, study says. Online: [http://articles.latimes.com/2012/may/08/business/la-fi-tn-self-disclosure-study-20120508], Abruf: 20.11.2014.

Niedermaier, H. (2008). Können interaktive Medien Öffentlichkeit herstellen? Zum Potenzial öffentlicher Kooperation im Internet. In: C. Stegbauer & M. Jäckel (Hrsg.), Social Software - Formen der Kooperation in computerbasierten Netzwerken (S. 49 – 69). Wiesbaden: VS.

Nov, O. (2007). What Motivates Wikipedians? Communications of the ACM, 50 (1), S. 60 -64.

Nov, O., Naaman, M. & Ye, C. (2010). Analysis of Participation in an Online Photo-Sharing Community: A Multidimensional Perspective. Journal of the American Society for Information Science and Technology, 61 (3), S. 555 – 566.

Oreg, S. & Nov, O. (2008). Exploring motivations for contributing to open source initiatives: The roles of contribution context and personal values. Computers in Human Behavior, 24 (5), S. 2055 – 2073.

Palmgreen, P. (1984). Der "Uses and Gratifications Approach". Theoretische Perspektive und praktische Relevanz. Rundfunk und Fernsehen, 32, S. 51 – 62.

Palmgreen, P. & Rayburn, J. D. (1982). Gratifications Sought and Media Exposure – An Expectancy Value Model. Communication Research, 9 (4), S. 561 – 580.

Palmgreen, P. & Rayburn, J. D. (1985). An Expectancy-Value Approach to Media Gratifications. In: K. E. Rosengren, L. A. Wenner & P. Palmgreen (Hrsg.), Media Gratifications Research – Current Perspectives (S. 61 – 72). Beverly Hills: Sage.

Papacharissi, Z. & Mendelson, A. (2011).Toward a new(er) sociability: Uses, gratifications, and social capital on Facebook. In: S. Papathanassopoulos (Hrsg.), Media Perspectives for the 21st Century (S. 212 – 230). Abingdon: Routledge.

Park, N., Kee, K. F. & Valenzuela, S. (2009). Being Immersed in Social Networking Environment: Facebook Groups, Uses and Gratifications, and Social Outcomes. CyberPsychology & Behavior, 12 (6), S. 729 – 733.

Paul, H. (2002). Deutsches Wörterbuch. 10. Aufl. Tübingen: Niemeyer.

Pecina, S., Cagniard, B., Berridge, K. C., Aldridge, J. W. & Zhuang, X. (2003). Hyperdopaminergic mutant mice have higher "wanting" but not "liking" for sweet rewards. The Journal of Neuroscience, 23 (28), S. 9395 – 9402.

Peters, R.-H. (1997). Sexappeal gewinnen. Wirtschaftswoche, 51 (10), S. 81 – 83.

Peters, R.-H. & Homeyer, J. (1997). Kriege um Augäpfel. Wirtschaftswoche, 51 (10), S. 70 – 78.

Pinel, J. P. J.; Pauli, P. (Hrsg.) (2007). Biopsychologie. 6. Aufl. München: Pearson Studium.

Portmann, E. (2012). Wie Social Media unser Gehirn verändert. HMD Praxis der Wirtschaftsinformatik, 49 (5), S. 4 – 5.

Prasarnphanich, P. & Wagner, C. (2009). The role of Wiki technology and altruism in collaborative knowledge creation. Journal of Computer Information Systems, 49(4), S. 33 – 41.

Pritzel, M., Brand, M. & Markowitsch, H. (2003). Gehirn und Verhalten – Ein Grundkurs der physiologischen Psychologie. Heidelberg: Spektrum.

Puca, R. M. & Langens, T. A. (2008). Motivation. In: J. Müsseler (Hrsg.), Allgemeine Psychologie, 2. Aufl. (S. 191 – 229). Berlin: Springer.

Qualman, E. (2013). Socialnomics – How social media transforms the way we live and do business. 2. Aufl. Hoboken: John Wiley & Sons.

Raacke, J. & Bonds-Raacke, J. (2008). MySpace and Facebook: Applying the uses and gratifications theory to exploring friend-networking sites. CyberPsychology & Behavior, 11 (2), S. 169 – 174.

Rafaeli, S. (1986). The electronic bulletin board: a computer-driven mass medium. Computers and the Social Sciences, 2 (3), S. 123 -136.

Rafaeli, S., Hayat, T. & Ariel, Y. (2009). Knowledge Building and Motivations in Wikipedian: Participation as „Ba". In: F. J. Ricardo (Hrsg.), Cyberculture and New Media (S. 52 – 69). Amsterdam: Rodopi.

Rapp, F. (2013): Geschichte des Internet: Entstehung und Entwicklung sozialer Netzwerke. Online: [http://frankrapp.de/medien/geschichte-des-internet-entstehung-und-entwicklung-sozialer-netzwerke], Abruf: 21.09.2014.

Rayburn, J. D. & Palmgreen, P. (1984). Merging Uses and Gratifications and Expectancy-Value Theory. Communication Research, 11 (4), S. 537 – 562.

Rheinberg, F. (2008). Motivation. 7. Aufl. Stuttgart: Kohlhammer.

Riepl, W. (1913). Das Nachrichtenwesen des Altertums mit besonderer Rücksicht auf die Römer. Leipzig: Teubner.

Rockstroh, S. (2011). Biologische Psychologie. München: Ernst Reinhardt.

Rössler, P. (1998). Wirkungsmodelle: die digitale Herausforderung. Überlegungen zu einer Inventur bestehender Erklärungsansätze der Medienwirkungsforschung. In: P. Rössler (Hrsg.), Online-Kommunikation – Beiträge zu Nutzung und Wirkung (S. 17 – 46). Opladen: Westdeutscher.

Rolls, E. T. (2000). The Orbitofrontal Cortex and Reward. Cerebral Cortex, 10 (3), S. 284 – 294.

Rolls, E. T. (2004). The functions of the orbitofrontal cortex. Brain and Cognition, 55 (1), S. 11 – 29.

Rosengren, K. E. (1974). Uses and Gratifications: A Paradigm Outlined. In: J. G. Blumler & E. Katz (Hrsg.), The Uses of Mass Communications – Current Perspectives on Gratifications Research (S. 269 - 286). Beverly Hills: Sage.

Rubin, A. M. (2002). The Uses-and-Gratifications Perspective of Media Effects. In: J. Bryant & D. Zillmann (Hrsg.), Media Effects - Advances in Theory and Research, 2. Aufl. (S. 525-548). Hillsdale: Erlbaum.

Ruggiero, T. E. (2000). Uses and Gratifications Theory in the 21st Century. Mass Communication & Society, 3 (1), S. 3 – 37.

Salamone, J. D. (1994). The involvement of nucleus accumbens dopamine in appetitive and aversive motivation. Behavioural Brain Research, 61 (2), S. 117 – 133.

Schandry, R. (2011). Biologische Psychologie. 3. Aufl. Weinheim: Beltz.

Schenk, M. (2007). Medienwirkungsforschung. 3. Aufl. Tübingen: Mohr.

Schmalt, H.-D. & Langens, T. A. (2009). Motivation. 4. Aufl. Stuttgart: Kohlhammer.

Schmidt, J. & Wilbers, M. (2006). Wie ich blogge?! – Die Weblog-Umfrage 2005. Forschungsstelle „Neue Kommunikationsmedien" der Universität Bamberg, 6 (1), S. 2 – 27.

Schmitt, T. (2008). Das soziale Gehirn – Eine Einführung in die Neurobiologie für psychosoziale Berufe. Bonn: Psychiatrie-Verlag.

Schmitt-Walter, N. (2004). Online-Medien als funktionale Alternative? Über die Konkurrenz zwischen den Mediengattungen. München: Fischer.

Schramm, H. & Hasenbrink, U. (2004). Fernsehnutzung und Fernsehwirkung. In: R. Mangold, P. Vorderer & G. Bente (Hrsg.), Lehrbuch der Medienpsychologie (S. 465 – 492). Göttingen: Hogrefe.

Schröger, E. (2010). Biologische Psychologie. Wiesbaden: VS.

Schroer, J. & Hertel, G. (2009). Voluntary Engagement in an Open Web-Based Encyclopedia: Wikipedians and Why They Do It. Media Psychology, 12 (1), S. 96 – 120.

Schultheiss, O. C. & Wirth, M. M. (2010). Biopsychologische Aspekte der Motivation. In: J. Heckhausen & H. Heckhausen (Hrsg.), Motivation und Handeln, 4. Aufl. (S. 257 – 283). Berlin: Springer.

Schultz, W. (1998). Predictive reward signal of dopamine neurons. Journal of Neurophysiology, 80 (1), S. 1 – 27.

Schultz, W., Dayan, P. & Montague, P. R. (1997). A Neural Substrate of Prediction and Reward. Science, 275 (5306), S. 1593 – 1599.

Schweiger, W. (2001). Hypermedien im Internet – Nutzung und ausgewählte Effekte der Linkgestaltung. München: Fischer.

Schweiger, W. (2007). Theorien der Mediennutzung – Eine Einführung. Wiesbaden: VS.

Shannon, C E. & Weaver, W. (1949). The Mathematical Theory of Communication. Urbana: University of Illinois Press.

Shao, G. (2009). Understanding the appeal of user-generated media: a uses and gratification perspective. Internet Research, 19 (1), S. 7 – 25.

Seel, N. M. (2000). Psychologie des Lernens – Lehrbuch für Pädagogen und Psychologen. München: Ernst Reinhardt.

Smock, A. D., Ellison, N. B., Lampe, C. & Wohn, D. Y. (2011). Facebook as a Toolkit: A Uses and Gratification Approach to Unbundling Feature Use. Computers in Human Behavior, 27 (6), S. 2322 – 2329.

Sokolowski, K. (2013). Allgemeine Psychologie für Studium und Beruf. München: Pearson.

Spitzer, M. (2002). Lernen – Gehirnforschung und die Schule des Lebens. Heidelberg: Spektrum.

Spitzer, M. (2014). Digitale Demenz: Wie wir uns und unsere Kinder um den Verstand bringen. München: Droemer.

Statista GmbH (2014): Anzahl der Artikel bei Wikipedia von 2002 bis 2014 (in Millionen). Online: [http://de.statista.com/statistik/daten/studie/195081/umfrage/anzahl-der-artikel-auf-wikipedia-weltweit/], Abruf: 21.09.2014.

Statista GmbH (2014): Größte Social Networks nach Anzahl der monatlich aktiven Nutzer (MAU) im 1. Quartal 2014 (in Millionen). Online: [http://de.statista.com/statistik/daten/studie/181086/umfrage/dieweltweit-groessten-social-networks-nach-anzahl-der-user/],   Abruf: 21.09.2014.

Stöckl, R., Rohrmeier, P. & Hess, T. (2008). Why Customers Produce User Generated Content. In: B. Hass, G. Walsh & T. Kilian (Hrsg.), Web 2.0 – Neue Perspektiven für Marketing und Medien (S. 271 – 287). Berlin: Springer.

Tamir, D. & Mitchell, J. P. (2012). Disclosing information about the self is intrinsically rewarding. Proceedings of the National Academy of Sciences of the United States of America, 109 (21), S. 8038 – 8043.

Tennie, C., Frith, U. & Frith, C. D. (2010). Reputation management in the age of the world-wide web. Trends in Cognitive Sciences, 14 (11), S. 482 – 488.

Tomasello, M. (2002). Die kulturelle Entwicklung des menschlichen Denkens - zur Evolution der Kognition. Frankfurt a. M.: Suhrkamp.

Trammell, K. D. & Keshelashvili, A. (2005). Examining the New Influencers: A Self-Presentation Study of A-List Blogs. Journalism & Mass Communication Quarterly, 82 (4), S. 968 – 982.

Trepel, M. (2012). Neuroanatomie – Struktur und Funktion. 5. Aufl. München: Elsevier.

Twitter   Inc.   (2014):   Posten   eines   Tweets.   Online: [https://support.twitter.com/articles/495853-posten-eines-tweets#], Abruf: 25.11.2014.

Unz, D. (2008). Einführung Motivation. In: N. Krämer, S. Schwan, D. Unz & M. Suckfüll (Hrsg.), Medienpsychologie – Schlüsselbegriffe und Konzepte (S. 15 – 16). Stuttgart: Kohlhammer.

Urista, M. A., Dong, Q. & Day, K. D. (2009). Explaining Why Young Adults Use MySpace and Facebook Through Uses and Gratifications Theory. Human Communication. A Publication of the Pacific and Asian Communication Association, 12 (2), S. 215 – 229.

Van Eimeren, B. & Frees, B. (2014). 79 Prozent der Deutschen online – Zuwachs bei mobiler Internetnutzung und Bewegtbild. Ergebnisse der ARD/ZDF-Onlinestudie 2014. Media Perspektiven, 7-8, S. 378 – 396.

Von Der Heide, R., Vyas, G. & Olson, I. R.; Social Cognitive and Affective Neuroscience; Oxford University Press. (2014): The social network-network: size is predicted by brain structure and function in the amygdala and paralimbic regions. Online: [http://www.cla.temple.edu/cnl/research/documents/nsu009_Final.pdf], Abruf: 21.11.2014.

Wahba, M. A. & House, R. J. (1974). Expectancy Theory in Work and Motivation: Some Logical and Methodological Issues. Human Relations, 27 (2), S. 121 – 147.

Wan, C. (2009): Gratifications & Loneliness as Predictors of Campus-SNS Websites Addiction & Usage Pattern among Chinese College Students. Online:[http://pg.com.cuhk.edu.hk/pgp_nm/projects/2009/Wan%20Sisi%20Candy.pdf], Abruf: 25.11.2014.

Weinberg, T. (2012). Social Media Marketing. Strategien für Twitter, Facebook & Co. 3. Aufl. Köln: O'Reilly.

White, C. M. (2012). Social Media, Crisis Communication, and Emergency Management. Leveraging Web 2.0 Technologies. Boca Raton: CRC.

Whiting, A. & Williams, D. (2013). Why people use social media: a uses and gratifications approach. Qualitative Market Research: An International Journal, 16 (4), S. 362 – 369.

Wikimedia Foundation Inc. (2014): List of Wikipedias. Online: [http://meta.wikimedia.org/wiki/List_of_Wikipedias#Grand_Total], Abruf: 21.09.2014.

Winterhoff-Spurk, P. (2004). Medienpsychologie – Eine Einführung. 2. Aufl. Stuttgart: Kohlhammer.

Wirth, W. & Schweiger, W. (1999). Selektion neu betrachtet: Auswahlentscheidungen im Internet. In: W. Wirth & W. Schweiger (Hrsg.), Selektion im Internet – Empirische Analysen zu einem Schlüsselkonzept (S. 43 – 70). Opladen: Westdeutscher.

Wirtz, B. W. (2011). Medien- und Internetmanagement. 7. Aufl. Wiesbaden: Gabler.

Zhang, X. & Zhu, F. (2006). Intrinsic Motivation of Open Content Contributions: The Case of Wikipedia. Workshop on Information Systems and Economics (WISE).

Zhou, S. & Leung, L. (2012). Gratification, Loneliness, Leisure Boredom, and Self-Esteem as Predictors of SNS-Game Addiction and Usage Pattern Among Chinese College Students. International Journal of Cyber Behavior, Psychology and Learning, 2 (4), S. 34 – 48.

Zilles, K. & Rehkämper, G. (1998). Funktionelle Neuroanatomie. 3. Aufl. Berlin: Springer.

Autorenportraits

Lisa Koller

Im Mai 2011 verließ Lisa Koller nach dem Abitur das Münchner Heinrich Heine Gymnasium und begann im Herbst ihr Studium der Betriebswirtschaftslehre mit Schwerpunkt Medien an der Hochschule für angewandtes Management in Erding. Seit 2001 engagierte sie sich ehrenamtlich in ihrer Gemeinde, unter anderem als ausgebildete Jugendleiterin von 2007 bis 2012. In den folgenden Jahren sammelte die Studentin im Marketing Communication Team der Kabel Deutschland Vertrieb und Service GmbH praktische Erfahrung im Direct Marketing. Im Herbst 2013 ging Lisa Koller zur Burda Intermedia Publishing GmbH, einem Unternehmen des Hubert Burda Media Konzerns. Hier war sie bis Herbst 2014 in der In-House Lizenzagentur Burda Intermedia Merchandising tätig. 2014 arbeitet Lisa Koller auch an ihrer Bachelorthesis. Durch ein zuvor belegtes Wahlfach der Hirnforschung im angewandten Management entwickelte sich die Idee, dass medienspezifische Wissen aus dem Studium, mit der seit der Schulzeit gehegten Faszination für die Biologie des Menschen, insbesondere des menschlichen Gehirns, zu verbinden. Auf diese Weise entstand auch das Thema des vorliegenden Buches „Der Erfolg der sozialen Medien aus neuropsychologischer Perspektive". Im März 2015 schloss Lisa Koller ihr Bachelorstudium mit Auszeichnung ab.

Claudius Schikora

Nach dem Studium an der LMU in München startete Prof. Dr. Dr. Claudius Schikora seine Karriere bei Procter&Gamble Deutschland als Customer Business Development Manager. 1999 wechselte er in die "New Economy" und war Business Development Manager Central Europe in London und München bei dem wohl bekanntesten oder wohl besser berüchtigtsten Start-up der damaligen Zeit: die boo.com Group. Nach deren medienwirksamen Insolvenz, welche auch das "Ende" des Spekulationshypes in USA und Europa einläutete, ging Claudius Schikora zur Bavaria Film Gruppe und war dort als Geschäftsführer deren New Media Tochter tätig. Im

Jahre 2001 wechselte er dann in den Siemenskonzern und ging hier in die Unternehmensberatung von Siemens Business Services. 2006 wurde er Online-Unternehmer und gründete MediKompass.de. Im Jahre 2008 verkauften die Gründer Ihre Anteile an die Verlagsgruppe von Holtzbrinck. 2010 wurde Claudius Schikora von den neuen Eigentümern der MediKompass GmbH wieder an Bord geholt und führte als Vorstand die Beteiligungsholding MediNavi AG an die Börse. Im Jahre 2013 gründete er mit vier Partnern die Venturate AG und bringt hier kapitalsuchende Gründer und Business Angel zusammen. Des Weiteren ist er seit einigen Jahren Aufsichtsratsvorsitzender der Dr. Müller Diamantmetall AG und auch als Business Angel aktiv.

Seit 2013 ist Claudius Schikora Präsident der Hochschule für angewandtes Management mit Sitz in Erding. Bereits seit 2005 lehrt er dort als Professor und leitet auch das Institut für Medienmanagement.

MIX

Papier | Fördert
gute Waldnutzung

FSC® C083411

Zeitfracht Medien GmbH
Ferdinand-Jühlke-Straße 7
99095 Erfurt, Deutschland
produktsicherheit@kolibri360.de